Erwin Wagner

Tage wie Jahre

Erwin Wagner

TAGE WIE JAHRE

Vom Westwall bis Moskau
1939–1949

Universitas

2. Auflage 2002
(Sonderproduktion)

Titel im Eigenverlag:
Ein Jahrzehnt im 20. Jahrhundert

Schutzumschlag: Wolfgang Heinzel, München
Umschlagmotiv: Südd. Verlag, Bilderdienst, München
Gesamtherstellung: Jos. C. Huber KG, Dießen
Printed in Germany
ISBN: 3-8003-1351-5

Inhaltsübersicht

Vorwort

Warum ich? Warum gerade ich? Warum bin ausgerechnet ich übriggeblieben und davongekommen, vom großen menschenfressenden, völkervernichtenden Moloch Krieg zwar verschlungen worden, dann aber wieder ausgespien und letztlich verschont? Warum?

Der bedrängenden Frage nach dem Sinn des Geschehens und vor allem auch des Überlebens - nach langen Jahren Krieg und Gefangenschaft - haben sich fast alle Kriegsteilnehmer irgendwann einmal stellen müssen. „Gelitten und erduldet, die besten Jahre des Lebens einer Schimäre hingegeben, und überlebt zu haben, ist" - so Hansferdinand Döbler in seiner detailgetreuen Autobiographie eines Einzelschicksals „in großer Zeit", eines Buches, in dem sich viele Deutsche wiedererkennen können, geschrieben - ähnlich wie Erwin Wagners Bericht - zwar im Abstand von Jahrzehnten, aber noch immer betroffen von dem insgesamt Unbegreiflichen, „allein noch kein Alibi".

Auch ein halbes Jahrhundert „danach", auch im fünfzigsten Jahr nach dem verbrecherischen Überfall Hitler-Deutschlands auf die Sowjetunion, auch heute, da scheinbar alle Spuren verweht, alle Narben verheilt, sind „jene Tage und Nächte, deren Qual groß war" (Guy Sajer), nicht wirklich vergangen und vorbei, ist von den Noch-einmal-Davongekommenen nichts vergessen, was damals war. Mag manches auch über Jahre und Jahrzehnte hin verdrängt, überdeckt und verschüttet worden sein, so steht die Frage nach dem Warum und Wozu des eigenen Überlebens urplötzlich immer wieder auf und fordert ihre Antwort.

E i n e Antwort auf diese Frage ist die, die auch Erwin Wagner - ähnlich wie so viele vor und mit ihm - mit seinen Aufzeichnungen versucht: Übriggeblieben, davongekommen, heimgekehrt, um Rechenschaft abzulegen, Zeugnis zu geben, damit nichts von dem, was seine Generation - die Generation der heute Siebzigjährigen, die Generation der Täter und Opfer zugleich - erleben, erleiden, erdulden, überstehen mußte, verloren geht, damit alles bewahrt bleibt im Gedächtnis der Menschen, um als Mahnung und Vermächtnis die Erinnerung wachzuhalten an die Schrecken des Krieges und die Unmenschlichkeit der Zeit, um die bitteren Erfahrungen der Dabeigewesenen und Davongekommenen weiterzugeben an die Nachgeborenen, aber auch, um das helle Licht erlebter Menschlichkeit auf beiden Seiten der Front, bei Siegern und Besiegten, bei Russen und Deutschen, Soldaten und Zivilisten, bei den „Plenies“ hinterm Stacheldraht und im Kohleschacht, bei lettischen Mädchen, jüdischen Ärztinnen, mitgefangenen russischen Zwangsarbeitern, zu bezeugen: „Es gibt keine Feinde, es gibt nur Menschen.“

Auch, wo der Mensch schnell zum reißenden Wolf werden kann, auch im Grauen der erbitterten Kämpfe und in der dunklen Verzweiflung endlosen Ausgeliefert- und Gefangenendaseins, gab es viel Tapferkeit, viel echte Kameradschaft, tiefe Freundschaft, Solidarität und Bekennermut, stilles Heldentum, das diesen Namen wirklich verdient.

Erwin Wagner, der Siebzigjährige (geboren am 26. Sept. 1921), gibt mit seinem objektiv-positiven Bericht in schlichter, unprätentiöser Sprache - und daher auch vielleicht in besonders eindringlicher Form - ein ehrliches, ungeschminktes, sich selbst dabei nicht schonendes, wahrhaftes, ein überzeugendes und den Leser anrührendes Zeugnis und legt Rechenschaft über ein Jahrzehnt deutscher Geschichte ab. Eben, weil der Autor keine großen Worte macht, kein literarisches Werk schreiben, sondern nichts als die Wahrheit und nur die Wahrheit bekennen will, gewinnen seine Erinnerungen an die Jahre 1939 - 1949 plastische Authentizität: Ja, so war es, so ist es gewesen; so und ähnlich haben es Millionen von Menschen erlebt und empfunden. Sein Buch, das von so manchem Schrecklichen berichtet, ist darum letztlich auch ein zutiefst versöhnliches, ein tröstliches Buch, ein Buch vom Menschen und seiner zwar stets angefochtenen, immer wieder aber auch bewahrten Menschlichkeit, ein überzeugender Aufruf zu Frieden und Versöhnung, ein Bekenntnis zu den wahren Werten der Humanität, mit den eingestreuten, in schwerer Zeit entstandenen Gedichten und Versen des Verfassers auch ein anrührendes, stilles Buch tiefer Heimatliebe, tiefer Sorge um die Eltern und den Bruder, ein Loblied auf die Mutter, ein Buch der Dankbarkeit trotz alledem...

Mögen Erwin Wagners Erinnerungen an „Ein Jahrzehnt im 20. Jahrhundert“ über den Hunsrück hinaus viele Leser finden: Es sind auch u n s e r e Erinnerungen. Wir lesen in dem Buch und finden uns darin wie in einem Spiegel wieder.

Hajo Knebel

Zur Einführung

Es liegt nun schon lange zurück, dieses schicksalsschwere Jahrzehnt des 20. Jahrhunderts, von dem ich berichten will. Schon über 45 Jahre ist es her, daß dieser unselige und erbarmungslose Weltkrieg, der so viele Völker und Menschen ins Unglück stürzte, zu Ende ging. Über 50 Millionen Tote und Vermißte können und dürfen nicht vergessen werden. Sie sollten als ewige Mahnung lebendig bleiben, damit „Friede auf Erden" im wahrsten Sinne des Wortes Wirklichkeit wird und bleibt.

Ich war gerade knapp siebzehneinhalb Jahre alt und befand mich am Westwall im RAD (Reichsarbeitsdienst), als dieser Krieg am 1. September 1939 ausbrach. Es war der Beginn eines zehnjährigen Leidensweges, der für mich erst am 6. September 1949 mit meiner Heimkehr aus über vierjähriger russischer Kriegsgefangenschaft sein Ende fand. Von dieser Zeit, insbesondere von dem Krieg in Rußland, den ich vom ersten Tag an, vom 22. Juni 1941, ohne Unterbrechung bis zum bitteren Ende, am 8.Mai 1945, mitgemacht habe, und der Gefangenschaft bis September 1949, berichten meine Erzählungen und Gedichte.

Meine Gedichte sind in all diesen harten, entbehrungsreichen Jahren des russischen Krieges und der Gefangenschaft entstanden. Um sie richtig zu verstehen, muß man sich zurückversetzen in diese Zeit schwerster körperlicher und seelischer Belastungen. Aus ihnen spricht das große Heimweh, aus ihnen spricht aber auch immer wieder die große Hoffnung auf eine glückliche Heimkehr. An dieser Stelle bedanke ich mich nochmals ganz herzlich bei meinem treuen Freund Otto Kraski, der diese Gedichte mit großem persönlichen Risiko aus einem Gefangenenlager am Stadtrand von Moskau unversehrt meiner Mutter überbrachte.

Eine große Hilfe für meine Schilderungen und Erzählungen waren meine eigenen Briefe aus Krieg und Gefangenschaft, die meine Mutter und meine Frau fast vollständig aufbewahrt hatten. Aus ihnen konnte ich meine Erinnerungen sehr gut auffrischen und ergänzen und vor allem auch datenmäßig koordinieren.

Doch warum erst jetzt dieses Buch, vierzig Jahre danach, wird mancher Leser fragen. Nun, mir erging es wohl wie den meisten Kriegsteilnehmern auch; kaum wieder zu Hause, begann von neuem der Kampf im Beruf, der Kampf um die Existenz. Es verblieb wenig Zeit zur Muße und zum Träumen. Doch dann klang er allmählich ab, der tägliche Streß, nachdem die Voraussetzungen für eine sichere, berufliche Zukunft geschaffen waren und mein ältester Sohn mit seiner tüchtigen Ehefrau die Leitung des von mir aufgebauten Unternehmens übernommen hatte. Mit mehr persönlicher Freizeit konnte ich mich auch wieder meinem Hobby, der „Poesie“, und literarischer Betätigung widmen. Gleichzeitig aber auch kehrten mehr als bisher die Erinnerungen und Erlebnisse aus der Jugendzeit und ganz besonders aus den Jahren des Krieges und der Gefangenschaft zurück.

Ich bin sicher, daß sich viele Kriegsteilnehmer, ganz gleich, ob sie im Westen, Osten, Süden oder Norden gekämpft haben, durch dieses Buch angesprochen fühlen und noch einmal die eigenen Erinnerungen und Erlebnisse dieser schweren Zeit ins Bewußtsein zurückrufen: Ganz besonders auch deswegen, weil dieses Buch keine Chronologie des geschichtlichen Ablaufes eines Jahrzehnts dokumentiert - darüber gibt es schon genügend Literatur -, sondern die Darstellung von eigenem Erleben dieser Zeitepoche ist.
Erinnerungen sind nun einmal das halbe Leben, keiner kann sie verdrängen; aber wer möchte sie gar vermissen?

Ich hoffe zuversichtlich, daß nicht nur die noch lebende Kriegsgeneration, sondern ganz besonders unsere nachfolgenden Generationen und unsere Jugend von heute bei allem Wohlstand, den gerade die Kriegsgeneration des zweiten Weltkrieges geschaffen hat, auch einmal zurückblicken auf ein Jahrzehnt härtester menschlicher Belastungen.

Wir haben dieses Jahrzehnt gottlob als Volk überstanden, wir haben diesen 2. Weltkrieg mit Recht verloren, er war nie zu gewinnen. Und trotzdem leben wir heute in einem Wohlstand wie fast kaum ein anderes Volk auf dieser Erde. Ja, es geht uns allen gut, natürlich ist nicht alles Gold,was glänzt, doch ich denke oftmals, daß etwas mehr Zufriedenheit und Besinnlichkeit unser Leben noch lebenswerter machen würde. Wir sollten alle einmal darüber nachdenken.

Erwin Wagner

Leben

Wie ist doch das Leben
Verlockend als Ziel,
An Nehmen und Geben
Ein wechselndes Spiel !

So kurz ist die Spanne,
Ein flackerndes Licht,
Es hält Dich im Banne,
Bis bald es erlischt !

Und was Du gelebt -
Es war wie ein Traum,
Wonach Du gestrebt,
Du sahest es kaum !

Ja, Mensch sein ist Werden
Und gleich auch Vergehn,
Ein Gastspiel auf Erden,
Ein kurzes Sichsehn !

Das Leben zerrinnt
In hastender Eile,
Wodurch es gewinnt -
Ja , darin verweile !

(Kurland - April 1945)

Am Westwall 1939/40

Zum 1. April 1939 wurde ich zum damaligen Reichsarbeitsdienst (RAD) nach Losheim bei Merzig im Saarland einberufen. Mit meinen gerade siebzehneinhalb Jahren wäre ich normalerweise noch nicht an der Reihe gewesen. Doch ich hatte mich freiwillig zum Militärdienst gemeldet, nachdem mein berufliches Fortkommen durch die „politische Unzuverlässigkeit" meines Vaters blockiert wurde. (Hierüber jedoch nochmals ausführlicher in einem späteren Kapitel).

Ich war also am Westwall gelandet, von dem man zwar weniger in den Tageszeitungen las, aber umso mehr sahen und hörten wir auf dem Hunsrück von diesem gigantischen Bunker- und Straßenbau an unserer Westgrenze. Die deutsche „Maginotlinie" wurde zu einer Perfektion der modernen Abwehrsysteme der damaligen Zeitepoche ausgebaut.

Es war kein Arbeitsdienstlager im üblichen Sinne, das mich in Losheim aufnahm, es war bereits ein vormilitärisches Ausbildungslager. Entsprechend war auch der Dienstplan: ein Tag Arbeitseinsatz - Ausbau von Bunkerstellungen, Tarnungen usw. - ‚der nächste Tag militärische Ausbildung an Waffen und diversen Kriegsgeräten. Wir wußten uns selbst nicht richtig einzustufen: Waren wir Arbeitsmänner oder bereits Soldaten!?

Wir mußten nicht lange rätseln: Der 1. September 1939 sollte mir unvergeßlich bleiben. Zu ganz ungewöhnlicher Zeit, um 15 Uhr, wurden wir zu einem außerordentlichen Lagerappell aufgerufen. Gewitterwolken hingen am Himmel, düster ein nahendes Gewitter prophezeiend - so war auch die Botschaft unseres Lagerleiters: Kriegserklärung an Polen; deutsche Truppen operierten bereits östlich der polnischen Grenze.

Damit war der 2. Weltkrieg ausgebrochen, Frankreich und England erklärten uns unmittelbar danach als Verbündete von Polen den Krieg. Ich muß an dieser Stelle festhalten, daß es kein überschwengliches Hurra für diese Kriegsbotschaft gab. Verständlich jedoch war auch die damals vorherrschende Begeisterung, besonders der jüngeren Generation, für Führer, Volk und Vaterland. Hitler hatte es verstanden, ohne Krieg ein Großdeutsches Reich zu schaffen, und diese Erfolge sicherten ihm den Nimbus eines glorreichen und genialen Führers. Hitler wurde durch die Nachgiebigkeit und Unentschlossenheit der damaligen Regierungschefs, besonders von England und Frankreich, geradezu ermuntert zu weiteren Expansionen und Annektionen. So kam es zu diesem verhängnisvollen 2. Weltkrieg.

Durch den Kriegsausbruch wurde die übliche Arbeitsdienstzeit von einem halben Jahr bis auf weiteres verlängert, da wir am strategisch wichtigen Westwall eingesetzt waren. Nach der Kriegserklärung Frankreichs wurde eine „Rote Zone“ entlang des Westwalles festgelegt, die von der Bevölkerung geräumt werden mußte. So wurden wir zunächst mit den Evakuierungsaufgaben betraut. Die Bunker wurden von der Wehrmacht besetzt, doch außer feindlichen Aufklärungsflügen und gelegentlichen kleinen Luftgefechten tat sich an der Westfront zunächst Gott sei Dank nicht viel: „Im Westen nichts Neues“, wie es so schön im Wehrmachtsbericht hieß.

Nachdem die Evakuierung der Bevölkerung in der „Roten Zone“ abgeschlossen war - viele Familien wurden im Hunsrück untergebracht -, begann für uns wieder in verstärktem Maße der Stollenbau. Es war für uns jungen Leute keine gerade leichte Beschäftigung. Wir arbeiteten mit Preßluftbohrern, die bis zu einem Zentner schwer waren.

Mit ihnen brachen wir in das oft sehr harte Erdgestein ein, um eine Stollenhöhe von ca. 2,20 m und eine Breite von ca. 2 m zu erreichen. Der Abtransport der Erde erfolgte meistens noch mühselig nach Großvaters Art mit Schubkarren.

Wenn wir uns mit den Preßluftbohrern ca. einen weiteren Meter in den Berg vorgearbeitet hatten, wurde der gewonnene Raum mit vorgefertigten Holzrahmen abgestützt. Nach diesem System wurden unzählige Stollen im Bereich der damaligen Westwall-Verteidigungslinie durch den Reichsarbeitsdienst gebaut. Es war ein Riesenaufwand an Arbeitsleistung - ganz abgesehen von dem Bau der bekannten Westwall-Bunker und Panzersperren. All diese Anlagen waren jedoch weder für den schon im Juni des Jahres 1940 befohlenen Angriff gegen Frankreich noch für die späteren Rückzugskämpfe 1945 von Nutzen und Bedeutung.

Mit Ausbruch des Krieges wurden die am Westwall eingesetzten RAD-Abteilungen als Sondereinheiten deklariert. Als äußeres Zeichen erhielten wir an der Uniformjacke einen schwarzen Ärmelstreifen mit der weißen Inschrift: S-Westwall. Wichtiger war für uns, daß die Gefahrenzulage von bisher RM 1,-- auf RM 2,-- pro Tag erhöht wurde. Gelegenheit zum Geldausgeben hatten wir damals noch genügend. In Losheim - unserem Standort - gab es noch alles, was junge Leute sich so wünschten: Bier, Wein, gutes Essen, Geselligkeit, Tanz und auch nette Mädchen.

An dieser Stelle möchte ich von einer Begegnung berichten, an die ich später noch sehr oft denken mußte. Wir befanden uns auf dem Rückmarsch ins Lager, es war Anfang März 1940. Entgegen kam uns eine kleine Marschkolonne Infanterie. Unwillkürlich schaute ich in die Gesichter der an mir vorbeimarschierenden Soldaten, als ich plötzlich ein bekanntes Gesicht entdeckte. Da kam mir doch tatsächlich mein Schulkamerad Hugo Bartenbach, mit dem ich lange Jahre gemeinsam die Schulbank gedrückt hatte, entgegen. Im gleichen Moment hatte er auch mich erkannt, und nach kurzer Abstimmung mit unseren Vorgesetzten konnten wir uns verständigen und vereinbarten ein Treffen in einem Café in Losheim für den nächsten Sonntagnachmittag. Mein Schulkamerad Hugo Bartenbach lag nämlich nicht weit von meinem Standort weg, was wir vorher natürlich nicht wußten.

Ich bin heute noch dankbar für diesen Sonntagnachmittag in dem bereits erwähnten Café in Losheim. Ein Stubenkamerad von mir - von Beruf Conditor - war dieser Bäcker- und Conditorei öfters als Aushilfe zugeteilt. Über ihn bestellte ich eine ganze Buttercremetorte - für meinen Schulkameraden Hugo und mich. Ich sehe mich noch heute mit ihm in diesem Café sitzen, als uns die Torte serviert wurde und uns die übrigen Besucher ringsum bestaunten, wie wir in aller Gemütsruhe die Torte verputzten, bis aber auch kein Krümelchen davon mehr übrig blieb.

Wir haben uns noch ein paarmal getroffen, doch dann war es das letzte Mal: Wir haben uns nie mehr wiedergesehen, mein Schulkamerad Hugo Bartenbach war der erste Gefallene meines Heimatdorfes, er fiel bereits in den ersten Wochen des Frankreichfeldzuges. Mich traf diese Nachricht wie ein Schlag, und zum ersten Mal wurde mir bewußt, wie grausam Krieg sein kann.

Am 15. April 1940 wurde ich aus dem RAD entlassen. Für kurze Zeit konnte ich nochmals in meinem Beruf bei einem größeren Unternehmen in Bad Kreuznach tätig sein. Doch schon bald kam mein Einberufungsbescheid für die Wehrmacht.

Auf der politischen Weltbühne hatte sich inzwischen vieles getan und verändert. Durch den Blitzsieg in Polen war die Hälfte dieses Landes durch den Hitler-Stalin-Pakt als Gouvernement annektiert. Frankreich war geschlagen, im gleichen Feldzug miteingeschlossen Holland, Belgien, Luxemburg, es folgten die Besetzungen von Dänemark, Norwegen und 1941 im Südosten die der Balkanstaaten. Geblendet durch diese Blitzsiege kann es nur Größenwahn gewesen sein, weitere Kriegspläne zu schmieden. Doch nur wenige wagten es, dies offen auszusprechen.

Hintergrund: Unterkunftsbaracke eines Arbeitsdienstlagers.
Vordergrund: Ausmarsch eines Zuges zum Ordnungsdienst.

Die erste Fahrt gen Osten

Es war eine schöne Zeit in Bad Kreuznach, an die ich heute noch gerne zurückdenke. Doch leider nur zu kurz, denn bereits zum 26. Juni 1940 erhielt ich meine Einberufung nach Ludwigshafen. Dort war lediglich eine Sammelstelle, und wir rätselten, wo es hingehen würde. Nun, wir mußten nicht lange warten, bereits am nächsten Tag wurden wir, so wie wir waren, in „Zivilklamotten“, mit der Eisenbahn weiterbefördert. Ja, gen Osten ging die Fahrt ins besetzte Polen nach Konin, einer kleinen, tristen Stadt ca. 180 km westlich von Warschau.

Ich wurde der Artillerie-Ersatzabteilung 263 zugeteilt, bei der ich meine militärische Ausbildung genießen sollte. Was mich interessierte, war der Nachrichtendienst, insbesondere die Funkerei. Obwohl ich mit Pferden aufgewachsen war, zog es mich nicht in die warmen Ställe, denn vom Pferdeputzen, das gebe ich ehrlich zu, wollte ich nicht viel wissen. Ich hatte Glück; mein Wunsch, Funker zu werden, ging in Erfüllung. Ich mußte zwar viel lernen, sowohl in der Technik als auch in der Theorie, aber es machte mir Spaß, so daß ich in kürzester Zeit gut im Rennen lag.

Ansonsten war in diesem polnischen Ort nicht viel los. Ärmliche Leute, die meist barfuß gingen, um das eine Paar Schuhe, das sie besaßen, zu schonen. Primitive Hütten mit Lehmfußboden, ein offenes Feuer und kärgliche Einrichtung. Alleine durften wir nicht ausgehen, immer in Gruppen mit mindestens 3 Mann. Es lebten auch viele Juden in diesem Ort, und eines Morgens hatte man sie zusammengetrieben, ca. 100 bis 150 an der Zahl, gekennzeichnet mit dem Judenstern, den jeder Jude tragen mußte. Ich sehe sie noch heute vor mir, die Gesichter von Angst, Demütigung und Traurigkeit gekennzeichnet. Ich hatte kein gutes Gefühl beim Anblick dieser deprimierten Menschen, die man nicht nur in Polen, sondern auch in ganz Deutschland und allen besetzten Ländern wie Vieh behandelte und in Ghettos oder Konzentrationslagern systematisch vernichtete. Wir wußten damals noch nichts von den makabren Vernichtungslagern; wir kannten zwar den unversöhnlichen Antisemitismus von Hitler und seiner Gefolgschaft, hatten jedoch von erbarmungslosen Massenvernichtungen bisher noch keine Vorstellung. In diesen Juli-Tagen des Jahres 1940 wurde ich erstmals Augenzeuge solcher Aktionen zur „Endlösung der Judenfrage", die als das dunkelste Kapitel in die deutsche Geschichte eingehen sollten.

Nach ca. 3 Wochen Ausbildungszeit wurde ich überraschend doch noch zu den lieben Pferden umdirigiert. Der Grund dafür war darin zu suchen, daß Rekruten, die fast doppelt so alt waren wie ich,(ich war ja noch keine 19 Jahre alt), die schwerere Ausbildung an Geschützen, an Gespannfahrzeugen und damit auch den Stalldienst leisten mußten. Bei allem Verständnis für gerechte Verteilung schmeckte mir diese Umgruppierung absolut nicht. In dieser Situation kamen mir mein Interesse und mein Fleiß in der Funkausbildung zugute, denn ich war einer der Besten in der Ausbildungsgruppe. Unser Ausbildungsoffizier, der natürlich auch Interesse daran hatte, guten und qualifizierten Nachwuchs heranzubilden, legte denn auch ganz entschiedenen Protest ein. Ich hatte mal wieder Glück, und so konnte ich nach nur 3 Tagen „Stallduft" wieder zur Funkausbildung zurückkehren.

Beim „Barras" war man nie vor Überraschungen sicher. So erging es mir wiederum nach rund zweimonatiger Ausbildungszeit in Konin. Wie aus heiterem Himmel hieß es in einer abendlichen Befehlsausgabe: Die gesamte Ausbildungsabteilung wird ins Reich zurückverlegt, und zwar - wir wagten es kaum zu glauben - in die Nähe von Koblenz.

Wieder gings auf die Schienen, diesmal zur Fahrt gen Westen. Wir landeten tatsächlich auf dem Hauptbahnhof in Koblenz, von dort ging es weiter in die Gneisenau-Kaserne auf der Höhe von Horchheim/Pfaffendorf.

Ich war inzwischen 19 Jahre alt geworden, hatte trotz dieser Jugend schon etwas von der Kehrseite des Lebens gesehen und war wohl auch deshalb den sich bietenden Gegebenheiten gegenüber aufgeschlossen eingestellt. Mit 19 Jahren glaubt man noch, die Sterne vom Himmel holen zu können, und ich war stets ein Optimist. Diese Einstellung hat mir über manches hinweggeholfen, so daß ich wohl auch aus einer Vorahnung heraus die augenblicklich gebotenen Möglichkeiten, das Leben zu genießen, wahrgenommen habe, so wie es das nächste Kapitel beschreibt.

Man bleibe sich bewußt,
daß jeder eigentlich nur dem
gegenwärtigen Augenblick lebt.
Denn alles übrige ist entweder
durchlebt
oder in Dunkel gehüllt.

Mark Aurel

Meine schönste Soldatenzeit

Da war ich also wieder ganz nahe meiner Heimat gelandet, in Koblenz-Horchheim. Meine Eltern waren überrascht und freuten sich verständlicherweise über diesen plötzlichen Standortwechsel.

Glück muß man haben - dazu konnte ich mir bereits nach 3 Tagen in der neuen Garnison selbst gratulieren. Ich befand mich gerade auf dem Rückweg vom Mittagessen in der Kantine, als ich auf einer Bank unseren Hauptwachtmeister (Spieß) sitzen sah. Ich grüßte militärisch, wie ich es gelernt hatte, doch als ich vorbei war, hörte ich den Befehlston: „Kommen Sie mal zurück!" O je, dachte ich, was hast du denn jetzt falsch gemacht, und prompt fragte mich unser Hauptwachtmeister auch: „Wie heißen Sie?" Nachdem ich meinen Namen genannt hatte, fragte er nach meinem Beruf. Nachdem ich diese Frage ordnungsgemäß beantwortet hatte, bekam ich nur noch die Anweisung: „Um 14 Uhr melden Sie sich auf der Schreibstube!"

Ich ahnte eigentlich nichts Gutes, und ich dachte immer noch, daß ich etwas falsch gemacht hätte. Doch dann eröffnete mir unser Hauptwachtmeister: „Wenn Sie Lust haben, können Sie sich hier auf der Schreibstube betätigen." Ich war so überrascht, daß ich nur „Jawoll!" sagen konnte. So war ich also auf der Schreibstube gelandet, und das war gar nicht so übel. Im Rußlandfeldzug sollte mir diese Schreibstuben-Ausbildung sehr zustatten kommen. Zunächst jedoch gewöhnte ich mich nach den tristen Wochen in Polen sehr schnell an diesen gemütlichen Alltag. Ganz besonders jedoch genoß ich mit meinen Kameraden die Abwechslung und die Annehmlichkeiten in der nahen Garnisonsstadt Koblenz. In dieser Zeit -1940/41 - konnte man dort noch fast alles ohne Bezugsscheine haben in Cafés, Konditoreien, Speiselokalen, Verkaufsgeschäften usw.. Auch sonst hatte Koblenz noch viel zu bieten an Unterhaltung: Kinos, Tanzcafés, Tanzpaläste; und vor allen Dingen auch viele nette Mädchen, die uns Soldaten die Freizeit verschönten. Kein Wunder, daß der Zapfenstreich bzw. die schon verlängerte Ausgangszeit oft überzogen wurde, auch von mir! Ja, ich kann heute noch schwärmen von dieser schönen Zeit in der Gneisenau-Kaserne, und damit meine ich insbesondere diese schönen Stunden in der Stadt Koblenz, mit der mich noch viele Jahre danach persönliche Kontakte verbanden.

Doch über diesen erinnerungsreichen Erlebnissen, die man aus meiner damaligen Jugend von 19 Jahren betrachten muß, darf ich nicht vergessen, die in dieser Zeit möglichen Wochenendurlaubsfahrten nach Hause oder auch sonstwohin zu erwähnen. Von dieser Gelegenheit machte ich natürlich ausreichend Gebrauch, denn wir alle ahnten, daß es bald wieder anders sein würde. Meine Eltern freuten sich über diese Besuche verständlicherweise sehr, zumal mein älterer Bruder nicht auf Urlaub kommen konnte, da er sich im Fronteinsatz in Frankreich befand.

So angenehm der Dienst auf der Schreibstube auch war, so befriedigte er mich andererseits doch nicht ganz. Die Gelegenheit ergab sich, daß Rekrutenausbilder benötigt wurden, und so nahm ich zunächst an einem Ausbilder-Lehrgang teil. Da wir eine bespannte Artillerie-Einheit waren, ging es zuerst nun doch wieder einmal zu den lieben Pferden in den Stall. Dieser Stalldienst schmeckte mir, wie auch bereits beim ersten Mal, zwar gar nicht, dafür aber jedoch um so mehr die Ausbildung im Reiten, was mir später im Krieg sehr zustatten kam. Die weitere Ausbildung bezog sich auf diverse Richtgeräte, Handfeuerwaffen und natürlich auf Exerzierdrill.

Ich hatte gerade meine Abschlußprüfung absolviert, als bereits die neuen Rekruten eintrafen. Ein neuer Tagesrhythmus begann, und ich muß sagen, daß mir diese Ausbildertätigkeit gar nicht schlecht gefiel. Vor allen Dingen lernte ich mit Menschen umzugehen, denen ich etwas beibringen sollte. Ich lernte Menschen einzuschätzen, und ich freute mich, wenn ich sah, daß meine Bemühungen auch ohne Befehls- und Militärdrill Erfolg hatten. Ich bin heute noch stolz darauf, daß mir meine Rekruten, die wesentlich älter waren als ich, bestätigten, daß sie glücklich waren, in meiner Ausbildungsgruppe gewesen zu sein.

Schon lange kursierten Gerüchte über Versetzungen zum Feldheer. Mein Traum war immer, Funker in einem Sturmgeschütz zu werden, doch gottlob hat mich mein damaliger Spieß vor diesen „fahrenden Särgen" bewahrt. Aber dann war es soweit: Am 29. Mai 1941 erfolgte meine Versetzung zur Feldeinheit, zum Artillerieregiment der 263. Infanteriedivision in Polen. Also wieder einmal Polen.

Der Versetzungsbefehl kam so plötzlich, daß keine Zeit mehr für einen Kurzurlaub nach Hause verblieb. Die Eltern konnten uns jedoch nochmals für ein paar Stunden in der Kaserne besuchen. Mein Vater kam - ohne meine Mutter - mit sorgenvollem Gesicht. Ich kann mich noch heute sehr gut an seine Worte erinnern. „Du ziehst in den Krieg", sagte er, „es wird kein Vierteljahr mehr dauern, und wir haben Krieg mit Rußland". - „Wir siegen uns wieder tot", sagte er weiter, „wie im 1. Weltkrieg, und Italien wird als erster Verbündeter von uns abfallen, weitere werden folgen!" Ich konnte mich dieser düsteren Voraussage beim besten Willen nicht anschließen, doch mein Vater sollte recht behalten; ich mußte oft an ihn denken, als das eintraf, was er so überzeugend vorausgesagt hatte.

Nun hieß es Abschied nehmen, immerhin waren es fast

11 Monate, die ich bei der Ersatz-Abt. des AR 263 verbracht hatte. Ade, du schönes Koblenz, ade, schöne Soldatenzeit! Ich sagte einigen netten Mädchen mit denen ich viele schöne Stunden verlebt hatte, „Auf Wiedersehen". So fuhr ich nun doch mit etwas Wehmut wieder gen Osten mit Zwischenstationen in Berlin und Warschau, um dann in dem polnischen Ort Sterdyn zu landen. Ich hatte mich bei der Stabsbatterie des AR 263 zu melden und wurde zunächst einmal kritisch von den alten Feldhasen unter die Lupe genommen.

Vor allem begutachteten sie meine neuen glänzenden Reitstiefel, und sie meinten, die hätte ich wohl am längsten an meinen Beinen gehabt. Als der Spieß meine Papiere durchsah, entdeckte er unter anderem meine Schreibstubenausbildung, und ich traute meinen Ohren nicht, als er sagte: „Sie kommen mir gerade recht, Abmarsch auf die Schreibstube!" Die alten Hasen guckten etwas verdutzt, und aus war der Traum auf neue Reitstiefel, die manch einer so gern an seinen eigenen Beinen gesehen hätte.

So war ich also mal wieder auf der Schreibstube und auch bald darüber orientiert, was sich hier nahe der russischen Demarkationslinie demnächst abspielen sollte. Unter der GKdos (geheime Kommandosache) „Barbarossa" wurden bereits Verbandsplätze, Bereitstellungen usw. festgelegt, so daß es keiner großen Phantasie bedurfte, aus diesen Anweisungen zu schließen, daß der Angriff auf die Sowjetunion nur noch eine Frage von Tagen, höchstens ein paar Wochen, sein konnte. So wußte ich bereits im voraus, daß ich als Funker bei einer Abteilung eingeteilt war.

Am 21. Juni 1941 war es dann soweit: Auflösung des bisherigen Standortes, bei Einbruch der Dunkelheit Abmarsch Richtung Grenze in ein nahes Waldgelände. Wir ahnten zwar, daß etwas Besonderes bevorstand, eine Parole jagte die andere, doch etwas Konkretes wußten wir noch nicht. Wir sollten es bald erfahren: In einem kurzfristig angesetzten Appell wurde uns der Angriff auf die Sowjetunion für 3.15 Uhr der folgenden Nacht bekanntgegeben.

In meinem Tagebuch vom 21.Juni 41 habe ich kurz vermerkt:

> Proklamation des Führers: Diese Nacht beginnt der Angriff. Endlich Klarheit.

Ja, wir hatten endlich Klarheit! Es war eine grausame Klarheit, die wir aber an diesem Vorabend des Beginns des Krieges gegen Rußland nicht voraussehen konnten.

Ich mußte an meinen Vater denken: Er hatte recht behalten; nach nur knapp 5 Wochen unseres letzten Wiedersehens in Koblenz hatten wir den von ihm vorausgesagten Krieg mit Rußland! Wir waren jedoch, verwöhnt durch die bisherigen Blitzkriege an allen Fronten, der guten Hoffnung, daß auch dieser Feldzug spätestens bis zum Spätherbst entschieden sein würde. Es sollte jedoch anders kommen, und ich ahnte nicht,was wohl auch gut war, daß mir die härtesten 8 Jahre meines Lebens noch bevorstanden.

Kriegsbeginn mit Rußland am 22. Juni 1941

Die Feuertaufe
Meine ersten Kriegstage

Am 22. Juni 1941, Punkt 3.15 Uhr, begann das Inferno; auf breitester Angriffsfront donnerten Geschütze aller Kaliber; Jagdflieger und Bomber dröhnten über uns hinweg - der Krieg gegen die Sowjetunion hatte begonnen!

Man muß es ehrlich zugestehen: Es war ein Überfall ohne die übliche Gepflogenheit einer vorherigen offiziellen Kriegserklärung. So stießen wir zunächst verständlicherweise auch auf keine Gegenwehr, bis auf einige völlig überraschte Grenzposten. Wir marschierten im Eilmarsch über den Bug etwa 40 km ins russische Polen hinein und kamen am gleichen Abend bei Bransk an die Front. Am nächsten Morgen wurde ich bereits mit „Ike Münsterer" - einem Berliner - auf dem Gefechtsstand der ersten Abteilung des AR 263 eingesetzt, wo wir Funkverbindung mit dem Regimentsstab aufnehmen mußten. Der Gefechtsstand lag am Ausgang der Stadt Bransk, die schon in hellen Flammen stand. Die Straße, die dort hinführte, lag unter starkem feindlichen MG-Feuer, so daß wir uns im Straßengraben mit den Funkgeräten auf dem Rücken vorarbeiten mußten. Dazu versuchten dauernd russische Panzer, auf die Straße vorzustoßen. Beiderseits der Straße lagen zahlreiche abgeschossene Panzer und darin die verkohlten Leichen der Besatzung. Das war mein erster erschütternder Anblick des Krieges, und mir wurde ganz flau in der Magengegend. Um 7 Uhr erreichten wir endlich den Gefechtsstand, und schon ging der Tanz los. Es sollte bereits eine erste grauenvolle Feuertaufe werden.

Wir hatten unsere Funkgeräte auf dem Hof eines noch im Rohbau befindlichen Gebäudes aufgebaut und die Funkverbindung zwischen Regiment und Abteilungsgefechtsstand hergestellt. Wir merkten alsbald, daß unsere Infanterie-Angriffsspitze erstmalig auf ernsthaften Widerstand gestoßen war. Hinzu kamen, zwar noch vereinzelt und verstreut, Granateinschläge, die allmählich jedoch immer gezielter und treffsicherer in unsere Stellungen einschlugen. Die russische Artillerie mit 15 cm-Langrohrgeschützen schoß sich ein. Es dauerte auch gar nicht lange, bis es aus unzähligen Rohren auf uns niederprasselte.

Gerade rückte eine Radfahrer-Schwadron an uns vorbei in Frontrichtung. Es gab für sie kein Entrinnen mehr, als einige Artilleriegeschosse voll in dieser Kolonne krepierten. Es war ein grauenvolles Bild, das sich uns bot: Körperteile, Köpfe, Arme, Beine und Fleischteile wirbelten durch die Luft, die Erde war blutgetränkt. So sah also der Krieg aus in seiner grausamen Realität! Ike und ich konnten uns gerade noch in einem Kartoffelbunker vor den surrenden Granatsplittern in Sicherheit bringen. Ich sah und erlebte die ersten Toten und Verwundeten; das Stöhnen im Todeskampf - ich habe es bis heute nicht vergessen. Nach diesem Intermezzo war meine anfängliche Kriegsbegeisterung verständlicherweise auf dem Nullpunkt angelangt, und ich glaubte schon, daß der Krieg für mich bereits am 1. Einsatztag zu Ende gehen könnte.
Doch zum Nachdenken blieb keine Zeit; der Abteilungskommandeur verlangte nach Funkverbindung, da alle Telefonverbindungen zerschossen waren. Wir hatten Glück, daß nur die Stabantenne zerschossen war und wir uns mit einer Drahtantenne behelfen konnten. Im Klartext forderten wir dringend Unterstützung vom Regiment an, da nach diesem Feuerüberfall bereits die nächste Hiobsbotschaft angekündigt wurde: Feindliche Panzer sind durchgebrochen und rollen auf unsere Stellung zu! Alle Gewehre, MG`s usw. sind unverzüglich mit Panzermunition zu versehen!

Und dann waren sie schon da, die russischen Panzer, zwei, drei, vier und fünf direkt auf uns zu. Es waren zwar kleine - und wie wir später erfuhren - Übungspanzer einer russischen Kadettenschule; aber sie schossen wie wild aus leichten MG`s. Sie kamen immer näher, fast nur noch 10 m von unserer Funkstelle entfernt, mir schlug das Herz spürbar bis zum Hals. Zum Glück hatte man ein kleines Pakgeschütz nur ca. 3 m von uns entfernt in Stellung gebracht. Wir schossen mit unserer Gewehr-Panzermunition, doch die meisten Panzer wurden durch das Abwehrfeuer unserer Pak abgewehrt, sie machten kehrt oder blieben brennend liegen.

Ein Panzer jedoch besaß die Dreistigkeit und stieß direkt bis auf ca. 2 m auf unsere Funkstelle vor und belegte uns mit einem rasenden MG-Feuer; er umfuhr uns dann von der Seite und stieß im Rücken gegen uns vor. Unsere Gemütsverfassung gelangte wieder einmal auf den Nullpunkt, und wir glaubten zum zweiten Mal an diesem Tag, dem 23. Juni 1941, daß das Jüngste Gericht angebrochen sei. Doch der neben uns plazierten Bedienung des Pakgeschützes gelang es durch ihre Kaltblütigkeit, mit einem gezielten Schuß den Panzer bewegungsunfähig zu schießen. Wir atmeten schon auf und dachten, die Gefahr wäre vorüber, als plötzlich der Panzerschütze aus dem Fahrzeug heraussprang und mit einer Maschinenpistole wieder das Feuer eröffnete, danach wieder in den Panzer zurücksprang und das MG in Tätigkeit setzte. Doch nun hatte unsere Pak ein bewegungsunfähiges Ziel, und nur noch ein Schuß genügte: Der Panzer flog samt Insassen durch die Wirkung der Sprenggranate mit einem donnernden Knall in die Luft. Wir schrien zwar „Hurra!“,aber das war mehr als Befreiungsschrei für die überstandene Gefahr und nicht als Begeisterungsruf für den erfolgreichen Abschuß des Panzers zu verstehen.

Solche Panzerüberfälle hatten wir an diesem Tage allein sieben Mal zu überstehen, wenn auch nicht mehr in so direkter Angriffslinie.

Am späten Nachmittag dieses Tages mußte sich unsere eigene Infanterie dreimal nach rückwärts absetzen, sie hatte keine Munition mehr. Uns wurde ganz mulmig zumute, und wir dachten schon, nach diesen Panzerdurchbrüchen werde uns nun die russische Infanterie überrollen. Doch wir mußten mit unseren Funkgeräten aushalten, da es ja nur noch Funkverbindung mit den rückwärtigen Gefechtsständen gab. Inzwischen kam jedoch die über Funk angeforderte Verstärkung; frische Angriffsbataillone bereinigten die Brennpunkte und lösten die bis zur Erschöpfung verausgabten Infanteristen ab. Endlich, gegen Abend, gelang es, den Feind endgültig zu werfen, und wir konnten uns für ein paar kühle Nachtstunden von den Strapazen dieses ersten Kampftages erholen.

So endete mein erster Kriegseinsatz, der bereits mein letzter hätte sein können. Nachdenklich marschierte ich nach einer kurzen Nacht unter freiem Himmel weiter gen Osten, und es war mir bereits klar geworden: Ein Spaziergang wird dieser Krieg gegen Rußland bestimmt nicht werden! Wie wichtig dieser erste Einsatz unseres Funktrupps am ersten Kampftag war, bewies die Entscheidung unseres Regimentskommandeurs, der meinen Kameraden „Ike“ als Funktruppführer mit dem Eisernen Kreuz 2. Klasse auszeichnete und mich zum Gefreiten beförderte. (Dies nur zur Vervollständigung meines Berichtes).

Der Feldherrenhügel

Zwei Tage marschierten wir und legten endlos scheinende Kilometer zurück. Die Füße brannten, die Stiefel drückten, schließlich waren wir solche Gewaltmärsche noch nicht gewohnt. Wir waren zwar eine bespannte Einheit, die Pferde waren jedoch in erster Linie zum Ziehen der Geschütze und Gerätefahrzeuge da. Ein Aufsitzen der Landser war nur in Ausnahmefällen mit besonderer Genehmigung gestattet.

Weit stießen unsere Truppen - voran unsere ungestümen Panzergruppen -, zunächst ohne größeren Widerstand, aus den polnischen Gebieten in den russischen Raum vor. Sie umgingen die stärkeren russischen Verbände, so daß es zu den großen Vernichtungsschlachten von Bialystok und Minsk kam. Am 26. Juni verstärkten sich die russischen Ausbruchsversuche im Kessel von Bialystok, und meine Division, die 263. Infanteriedivision, (taktisches Zeichen „Weintraube") wurde zur Abriegelung eingesetzt. Die Russen, die erkannt hatten, daß sie in der Falle saßen, leisteten erbitterten Widerstand.

Die Vorhut unserer Infanteriedivision mit leichten und schweren MG`s, Pak und Granatwerfern hatte sich auf einer breiten Anhöhe festgesetzt. Von dort aus konnte man das abfallende Gelände bis zu einem breiten Waldrand gut überblicken. In diesem Waldterrain hatten die Russen Kampfverbände zusammengezogen, nicht nur zur Verteidigung, sondern zu verzweifelten Ausbruchsversuchen. Zur Verstärkung wurden unsere leichten Artillerieabteilungen mit 10,5 Haubitzen herangezogen und auf dem „Feldherrenhügel" - so hatten wir die Anhöhe inzwischen benannt - in Stellung gebracht. Unser Funktrupp, Ike und ich, wurde zum VB (vorgeschobenen Beobachter) abkommandiert. So gegen Mittag brachen wir mit einer Vorhut des Stabes der 1. Abteilung, unsere Funkgeräte auf dem Rücken, die immerhin 25 kg schwer waren, in Richtung Hügelspitze auf.

Auf der Mitte des ansteigenden Geländes ertönten plötzlich schrille Kommandorufe: „Feindliche Panzer - alles in Dekkung!“ ; und schon hörten wir das Dröhnen und Rumoren der Panzer. Hören und Sehen war fast eins, denn da waren sie auch schon: Unsere Augen wurden immer größer vor Schrecken, das waren nicht die niedlichen Übungspanzer von Bransk, das waren Riesenkolosse von fahrenden Festungen, das waren die ersten uns zu Gesicht kommenden russischen Panzer T 34, die zu unvergeßlichen Zeitgenossen des Rußlandkrieges werden sollten!

Sie fuhren feuernd kreuz und quer in unsere gestreut und gestaffelt aufmarschierenden Kolonnen. Die meisten von uns waren noch unerfahren mit Panzern und glaubten, diesem überfallartigen Panzerangriff nicht mehr entrinnen zu können. Mir brach der Schweiß aus vor Angst, und ich warf mich zitternd in eine Furche, preßte mich fest in das Erdreich und wäre so gerne eine Maus gewesen! Das Dröhnen wurde stärker, ich sah mich um, und ein neuer Schreck überfiel mich, als ich einen Panzer noch keine 5 Meter von mir entfernt wahrnahm. Ich dachte, jetzt hat er dich gesehen, entweder wirst du überfahren oder von den MG-Garben getroffen. Die Kugeln zischten jedoch über mich hinweg, und der Panzer fuhr vorbei; ich glaubte fast an ein Wunder, hatte aber nicht an den für mich glücklichen toten Winkel des Panzers gedacht.

Nun, dieser Schrecken ging noch einmal gut vorüber; doch der Tag war ja noch nicht zu Ende. Wir kamen auf der Höhe an, wo wir sogleich angewiesen wurden, uns mit den

Funkgeräten einzugraben und zwar direkt neben dem Abt.-Kommandeur mit seinem Adjutanten. Zunächst war man nur auf Funk angewiesen, bis unsere Fernsprechkameraden ihre „Strippen“ gezogen hatten. Links und rechts von uns, auf der gesamten Breite der Höhe verteilt, MG-Trupps, Pak, Granatwerfer aller Kaliber, 10,5 Artillerie-Haubitzen und schußbereite Infanteristen mit Karabinern und Handgranaten. „Hier tut sich etwas“, sagten wir uns, und wir sollten nicht lange im Ungewissen bleiben.

Ein Beobachtungstrupp mit dem kommandierenden Offizier befand sich in unmittelbarer Nähe, damit wir unseren Regimentsgefechtstand per Funk orientieren konnten. Schon hörten wir: „Achtung, Durchsage an alle Kampfeinheiten, russische Kavallerie befindet sich im gegenüberliegenden Waldrand und bereitet sich zu einer Attacke auf breitester Front vor!“ - Was war das? - Kavallerie-Attacke! Ich mußte unwillkürlich an meinen Vater denken, der im 1. Weltkrieg bei der Kavallerie gewesen war und von „Attacke-Reiten“ erzählt hatte. Aber in diesem Krieg, der doch schon mit modernsten Waffen geführt wurde, sollte es das wirklich noch geben: Attacke-Reiten der Kavallerie? Ja, das gab es noch! Ich sollte es in wenigen Minuten mit eigenen Augen sehen und erleben.

Von der Befehlsstelle eine weitere Durchsage: Alle Richtwerte auf Waldrand einstellen! - Es folgten präzise Entfernungsangaben - jedoch totales Schießverbot! Es durfte nur geschossen werden, wenn der Befehl „Feuer frei!“ durchgegeben wurde. Wir hielten den Atem an, denn im gleichen Augenblick wurde es da drüben am Waldrand lebendig. Wie ein Bienenschwarm quoll es aus dem Dickicht des Waldes hervor, die russische Kavallerie galoppierte auf wendigen Pferden mit Schnellfeuerwaffen auf uns zu. Trotz des tödlichen Ernstes der Stunde war es ein faszinierender fernsehreifer Anblick: So ungefähr hatte ich mir

Lützows wilde, verwegene Jagd vorgestellt; doch hier war es bitterer Ernst.

Der Schwarm der galoppierenden Pferde, wir hörten bereits ihr wieherndes Schnaufen und das näherkommende „Uräh“ der Reiter! Und immer noch keine Gegenwehr aus unseren Reihen! Wir rauften uns die Haare, und einige schrien: „Schießt doch endlich, wir wollen nicht überrannt und niedergemetzelt werden!“ Doch wieder klang es monoton vom Befehlsstand: „Kein Schuß ohne Befehl!“ Dann ging es plötzlich sehr schnell; nach genauen Angaben über Zieleinstellung und Entfernung hieß es dann: „Feuer frei für alle Rohre“.

Ein Orkan brach los: Auf breiter Front des „Feldherrenhügels“ spieen Haubitzen, Granatwerfer, Paks, Gewehrsalven und Handgranaten Tod und Verderben in die heranstürmende Kavallerie! Es war furchtbar! Roß und Reiter wurden zusammengeschossen wie in einem Wildwestfilm heutiger Prägung. Mir wurde es wieder fad in der Magengegend, immerhin war es erst der 5. Tag meines Kriegseinsatzes. Auch auf unserer Seite gab es Tote auf diesem Feldherrenhügel.

Weitere Attacken von russischer Kavallerie habe ich nicht mehr in den vier Jahren Rußlandkrieg erlebt; es war eine Einmaligkeit.

Und weiter gings gen Osten

Vier Tage mußten wir auf dem Feldherrenhügel in unseren Erdlöchern ausharren, bis der Kessel Bialystok endgültig liquidiert war. Dann ging es wieder auf Achse, ein fast endlos erscheinendes Marschieren durch tiefsandige Wege und glühende Hitze. Doch unaufhaltsam ging der Vormarsch weiter, schwer erkämpft durch die Panzergruppe Guderian, die im Frontabschnitt Mitte mit unseren Verbänden operierte. Die Stalin-Linie am Dnjepr war bereits durchbrochen, als wir dort ankamen.

Am 25. Juli ´41 erreichten wir südöstlich von Smolensk-Roslawl die Front. Am gleichen Tage wurde ich schon eingesetzt und kam wieder schön in die Patsche rein. Im Auto fuhren wir mit unseren Funkgeräten bis zum Gefechtsstand, der unweit der Infanterielinie lag. Im Straßengraben, der bereits unter MG-Beschuß lag, bauten wir unsere Funkstelle auf, denn nur ca. 100 Meter vor uns ging unsere Infanterie zum Angriff über. Wir folgten unverzüglich nach und richteten in einer Feldscheune unsere Funkstelle wieder ein. Einige Stunden später wechselten wir wiederum unseren Standpunkt, was auch unser Glück war: Kaum waren wir weg, als die Feldscheune von den Russen derart unter Artilleriefeuer genommen wurde, daß auch nichts mehr davon übrig blieb. Aber plötzlich ballerte auch unsere eigene Artillerie in den Ort, der doch bereits in unserer Hand war. Wir wußten gar nicht, was los war, bis ein Kraftfahrer meldete, daß in dem Ort wieder die Russen seien.

Da hatten sich doch so etwa 80 Russen tagsüber im Kornfeld verborgen, um uns bei Anbruch der Dunkelheit in den Rücken zu fallen. Wir waren vollkommen von unseren eigenen rückwärtigen Truppen abgeschnitten. Kein Mensch konnte mehr durch zu uns.

Doch lange dauerte dieser Zustand nicht, denn alsbald räumten zwei Sturmgeschütze rücksichtslos auf. Am nächsten Morgen rückten wir wieder einige Kilometer vor, bis unsere Division endgültig in Verteidigungsstellung ging; dies war am 27. Juli. Die Schlacht um Smolensk war entbrannt, ein gigantisches Ringen beider Seiten. Immer wieder versuchte der Feind, mit neu herangeführten, ausgeruhten Kräften unsere Stellungen zu durchbrechen und damit unsere Vorstöße auf Dorogobusch und letztlich Moskau zu stoppen und unsere Truppen zurückzuwerfen. Unter hohen Verlusten konnte schließlich diese Schlacht um Smolensk entschieden werden.

Nach der Kapitulation der eingeschlossenen Verbände des russischen Heeres glaubten wir sicher, daß der Russe diese Niederlagen, diese enormen Verluste an Menschen und Material, nicht verkraften würde und ein baldiges siegreiches Ende dieses Feldzuges bevorstehen könnte. In diesem Sinne schrieben wir auch nach Hause, beeindruckt und geblendet von den in der Tat gigantischen Erfolgen in den ersten Monaten des Angriffes auf die Sowjetunion. Doch wie hatten wir uns getäuscht, es sollte ganz, ganz anders kommen!

Es wurde immerhin Anfang Oktober, bis der planmäßige Angriff auf Moskau befohlen und begonnen werden konnte. In einem Brief an meine Eltern vom 11. Oktober 41 schrieb ich, noch unter dem Eindruck des großen militärischen Erfolges bei Wjasma, wo meine Division auch eingesetzt war, daß nun wohl der letzte große Angriff auf Moskau bevorstehen würde. Am 2. Oktober wurde uns die überschwengliche „Proklamation“ des Führers, der bereits das Ende des russischen Widerstandes voraussagte, verlesen. Welche Ironie des Schicksals!

Zunächst jedoch ging es wieder unaufhaltsam weiter. Unsere motorisierten Truppenverbände durchbrachen die rückwärtigen Stellungen und stießen tief in Feindesland Richtung Moskau vor. Wir mit unseren bespannten Fahrzeugen konnten natürlich nicht so schnell nachkommen. Für uns hieß es wieder marschieren und nochmals marschieren. Eilmärsche von 40-50 Kilometer pro Tag waren das Pensum. Während uns im Sommer die Hitze zu schaffen machte, plagte uns nun schon die Kälte. Wörtlich sei aus meinem Brief vom 11. Oktober 41 zitiert:

„Man kann hier schon von regelrechtem Winter sprechen, so kalt ist es schon, dazu schneit es auch fast täglich. Von Wjasma aus wurde unsere Marschrichtung geändert, wir marschierten durch Jelna in östlicher Richtung nach Tula, südlich von Moskau. Bis dahin sind es noch eine Menge Tagesmärsche, die in kürzester Zeit zurückgelegt werden sollen. Gestern haben wir z. B. 50 Kilometer zurückgelegt, was das für Pferde und Mannschaft bedeutet, könnt Ihr Euch vielleicht vorstellen."

So marschierten wir weiter, Tag für Tag unseren Panzerverbänden hinterher. Doch dann - ab Mitte Oktober - hatten wir nicht nur Schnee, sondern Regen, Regen und nochmals Regen. Ein nicht kalkulierter Verbündeter unseres Feindes hatte sich nachhaltig gemeldet: der russische Schlamm. Unvorstellbar, wie die Straßen bzw. Wege aussahen; total aufgeweichter Boden, so daß man oft bis an die Knie im Schlamm waten mußte! Da wir auf diesen verschlammten Wegen mit unseren Fahrzeugen dauernd steckenblieben und nur wie Schnecken vorwärtskamen, wurde unsere Marschroute auf die Autobahn in direkter Richtung Moskau verlegt. Vom 23. Oktober 41 berichtete ich meinen Eltern, daß ein unvorstellbarer Verkehr auf dieser Straße herrschte, endlose Kolonnen bespannter Fahrzeuge, motorisierte Verbände, Geschütze aller Kaliber, Panzer und Sturmgeschütze. Bei solch einem Aufgebot, bei einer solchen rollenden Lawine kann Moskau doch nur noch wie ein Kartenhaus zusammenbrechen! So dachten wir!

Unsere Siegeszuversicht wurde bestärkt durch die Tausende armer russischer Gefangener, die täglich an uns vorbeizogen ins rückwärtige eroberte Gebiet. Wir dachten, das könnten doch nur noch die letzten sein. Wie hatten wir uns getäuscht! Der zügige Vormarsch geriet ins Stocken, wir bezogen zunächst einmal Verteidigungsstellungen. Diese Gelegenheit benutzte mein Spieß der Regimentsstabsbatterie, unser guter Bachmann, mich auf die Schreibstube zur Aushilfe zurückzuholen. Oh ja, Schreibstuben gab es auch im Krieg! Schließlich mußte vieles organisiert und verwaltet werden. Es war eine angenehme Abwechslung für mich, wieder einmal in der ruhigeren Etappenstellung zu sein.

Am 6. November 41 berichtete ich meinen Eltern von einer großen freudigen Überraschung: In der Bunker-Schreibstube stand plötzlich mein Schulkamerad Hugo Jung aus unserem gemeinsamen Heimatdorf Heinzenbach. Herrgott, war das ein unverhofftes Wiedersehen, war das eine Freude! Ich hatte bis jetzt noch keinen Bekannten aus meiner näheren Heimat getroffen. Hugo befand sich im gleichen Armeekorps, und der Zufall wollte es, daß sich die Stellung seiner Einheit im gleichen Ort, nur 50 Meter von uns weg, befand.

Er war, wie ich auch, beim Regimentsstab als Meldereiter. Acht Jahre lang hatten wir gemeinsam die Schulbank gedrückt, und nun trafen wir uns Tausende von Kilometern tief im Feindesland nach harten Kämpfen und Entbehrungen. Es war ein Stück Heimat, dieses unverhoffte Wiedersehen. Wir sahen uns nun jeden Tag, das heißt jeden Abend, und ich sorgte gern für einen guten Happen und ein gutes Getränk. Ich bin heute noch froh und dankbar für diese Abende mit meinem Schulkameraden Hugo Jung, denn leider war es die erste und auch letzte Begegnung mit ihm in Rußland. Beim weiteren Angriff auf Moskau starb er den Heldentod, wie unsere Propaganda es nannte.

Nach ca. 2 Wochen Ruhe ging es wieder auf die Rollbahn bzw. Autostraße, immer noch Richtung Moskau. Am 11. November 41 schrieb ich: „ .... bis Moskau sind es noch ca. 60 Kilometer!“ Doch weiter kamen wir nicht, der Vormarsch stoppte, es ging nicht mehr weiter, und wir mußten uns wohl oder übel auf Verteidigung einstellen.

In all diesen hektischen Tagen des Angriffskrieges - und trotz der Überbeanspruchung von Geist und Körper - wanderten die Gedanken immer wieder visionenhaft zu den Lieben in der Heimat. Manchmal erschienen sie nur schemenhaft, dann aber wieder so greifbar nahe - die Bilder aus der Vergangenheit, die Bilder aus meiner Heimat! - Das nachfolgende Gedicht „Mein Elternhaus“ habe ich zwar viele Jahre später in Gefangenschaft niedergeschrieben, es greift jedoch ganz besonders auch in die bewegten Kriegsjahre zurück. Deshalb möchte ich diese besinnlichen Verse schon an dieser Stelle einfügen.

Mein Elternhaus

So oft denk ich verträumt an Dich,
an Dich, mein trautes Elternhaus,
mir ist sodann, als ginge ich
wie einst dort täglich ein und aus!

Ob ich nun wache oder träume -
ja immerfort bist Du bei mir:
Dein Bild und all die vielen Räume
seh´ ich so greifbar nah in Dir!

Da ist das kleine Erkerzimmer,
wo Kindheitstage ich verbracht,
dort, wo so mancher Freudenschimmer
in frohem Glück mir zugelacht!

Wie tollte ich in Kinderlaune
im Haus, im Hofe, hier und da,
im Garten und dort überm Zaune
wenn es der Nachbar grad´ nicht sah!

Ich seh´ die Eltern, wie sie waren
so oft beglückt und auch betrübt,
doch stets in allen diesen Jahren
mit Liebe um mein Glück bemüht!

Mein Elternhaus - heut mahnst Du mich
gar wie ein Schloß im Märchenbuch,
und alle Wünsche treffen sich
in Dir zu ständigem Besuch!

(Riga 1947)

Heiligabend und Weihnachten 1941

Moskau lag in greifbarer Nähe: Wie bereits erwähnt, waren es nur noch 60 Kilometer bis zur russischen Hauptstadt. Im Vergleich zu dem bisherigen Geländegewinn nur noch ein Katzensprung! Doch es kam wieder ganz anders: Ein unsichtbarer Verbündeter tauchte urplötzlich an der Seite des Gegners auf, der russische Winter! Nachdem die erste Angriffswelle in direkter Stoßrichtung auf Moskau Anfang Okt. ´41 in Regen und Schlamm steckengeblieben war, geriet der 2. Großangriff Mitte November durch Schnee und eisige Kälte zum Stillstand. Dazu trat der Gegner mit neuen, ausgeruhten Reserven und guter Winterausrüstung zum Gegenangriff an und konnte empfindliche Fronteinbrüche erzielen.

„Die Stellung halten!“ hieß die Parole, und so setzten wir uns in einem verlassenen Dorf fest. In einem ehemaligen landwirtschaftlichen Anwesen wurde der Abt.- Gefechtsstand eingerichtet. Gemeinsam mit meinem Kameraden Jupp Engels, mit dem mich inzwischen eine enge Freundschaft verband, bauten wir in einem früheren kleinen Viehstall unsere Funkstelle auf. Wir richteten uns diesen Raum recht wohnlich und gemütlich ein und waren froh, daß wir uns nach all den vielen Gewaltmärschen und harten Kämpfen nun etwas ausruhen und erholen konnten.

Schon 3 Wochen lang war uns diese Atempause vergönnt, und Weihnachten stand vor der Tür. Wir freuten uns darauf, das erste Weihnachten in diesem erbarmungslosen Rußlandfeldzug in unserem „Stall“ und, wie es schien, in Ruhe verbringen zu können: Wir besorgten uns ein kleines Tannenbäumchen und schmückten es mit Kerzen, Sternchen und Glöckchen aus Stanniolpapier. Aus der Tagesverpflegung hatten wir auch schon einige Reserven zurückgelegt, um an Heiligabend und an den Weihnachtstagen so richtig „schlemmen" zu können. Doch wieder kam es ganz anders.

Am 24. Dezember '41 um 14 Uhr wurden wir jäh aus unseren Träumen gerissen: „Sofort alles packen! Um 18 Uhr ist Abmarsch in neue Stellungen!" Wir wußten es noch nicht genau, aber wir ahnten, es war der Beginn eines fürchterlichen und verlustreichen Rückzuges, der in die Geschichte als Parallele zum Winterrückzug Napoleons im Jahre 1812 eingehen sollte.

Zunächst jedoch nahmen wir noch die sogenannten „Marketenderwaren" in Empfang; das waren in der Regel zusätzliche Verpflegungs- und Genußwaren. So gab es zum Heiligabendmarsch Zigaretten, Gebäck und eine Flasche Sekt pro zwei Mann. Ja, was hätte das einen gemütlichen Heiligabend geben können! Wir steckten die Sachen weg, auch den Sekt; in Aufbruchstimmung war uns wirklich nicht zumute, mit Champagner anzustoßen.

Nach einer letzten Verständigungsprobe mit unserer Regimentsfunkstelle bauten wir die Geräte ab und packten unsere persönlichen Utensilien zusammen. Mit Wehmut nahmen wir Abschied von unserer gemütlichen Stall-Stube, doch da stand ja noch unser kleines, schmuckes Weihnachtsbäumchen. Was tun mit ihm? Ich sagte, es sei wirklich schade um das schöne Bäumchen, und wandte mich schon dem Ausgang zu. „Moment mal" sagte da Jupp Engels, „was solls, wir nehmen das Bäumchen mit"! Abrupt drehte ich mich um und sagte: „Das ist wirklich eine gute Idee".

So machten wir es auch. Pünktlich um 18 Uhr waren wir marschbereit. Als bespannte Einheit mit Fußvolk luden wir unsere Funkgeräte und unser persönliches Gepäck auf das

Rückzug Heiligabend 1941

uns zugewiesene Nachrichtenfahrzeug. Als alles verstaut war, befestigten wir unser Weihnachtsbäumchen auf der Rückseite des Fahrzeuges, und so traten wir den Marsch an, doch nicht nach vorn in Richtung Moskau, sondern es ging in entgegengesetzer Richtung, es ging zurück. Die Nacht war sternenklar, der Mond schien hell ,und klirrende Kälte schlug uns ins Gesicht. Wir trugen nur unsere gewohnten Kriegsuniformen, keine Pelzmützen, keine Pelzmäntel, keine Pelzstiefel,lediglich dünne Kopfschützer, die Nase und Ohren vor dem Erfrieren schützen sollten.

Wir stapften durch tiefen Schnee in die Nacht, Schritt für Schritt, Stunde um Stunde, über uns die hellen Sterne. Noch nie war ich der Weihnacht so nahe! Endlos schien dieser Marsch, doch dann waren wir am Ziel angelangt, es war zwar nur eine erste Station auf dem großen Leidensweg dieses Winterrückzuges 1941/42, doch wir waren froh, als wir in einem russischen Bauernhaus unterkommen konnten. Einige Soldaten saßen bereits um ein Kaminfeuer, müde und erschöpft von dem anstrengenden Marsch durch Schnee und Kälte. Jupp hatte unser Bäumchen nicht vergessen, er brachte es mit in das warme Zimmer und stellte es auf den Sims des Kachelofens. Trotz meiner Müdigkeit mußte ich lächeln, und ich sagte gerührt: „Seht, unser Bäumchen aus dem Stall“!

Wir waren zwar alle übermüdet nach diesem langen, anstrengenden Marsch, doch wir konnten noch nicht schlafen und unterhielten uns über die neue Situation. Plötzlich verstummten alle - sinnend sahen wir in das wärmende Feuer, denn leise, aber dann doch deutlicher war eine uns nur zu gut bekannte Melodie zu hören: Stille Nacht, Heilige Nacht! Wir stimmten alle mit ein in dieses uns so vertraute Weihnachtslied. Und keiner schämte sich der Tränen, die er sich aus den Augen wischte!

Die „Heilige Nacht“ verbrachten wir auf harten Brettern, während Maria und Josef seinerzeit wenigstens noch Heu und Stroh hatten. Wir waren jedoch bescheiden und auch zufrieden, daß wir am ersten Weihnachtstag nicht weitermarschieren mußten und wir ohne Zwischenfälle in diesem Bauernhaus einen geruhsamen Tag verbringen konnten. Ich hatte sogar Gelegenheit, einen Brief an die Eltern zu schreiben, der auch angekommen ist. Am Abend leerten wir noch unsere Flasche Sekt, die Jupp wie seinen Augapfel gehütet hatte. Der zweite Weihnachtsfeiertag wurde nicht so gemütlich, am laufenden Band Funkverkehr, so daß wir kaum zur Ruhe kamen, und wir sahen uns bereits wieder auf Achse Doch es blieb bis auf einige Scharmützel verhältnismäßig ruhig, so daß wir noch eine weitere Nacht in unserem Quartier verbringen konnten.

Am 27. Dezember ging es dann wieder weiter, natürlich nicht vorwärts, sondern zurück zur Begradigung der HKL, wie es so harmlos im Wehrmachtsbericht hieß. Wir marschierten meistens erst gegen Abend los, damit der Feind unsere Absetzbewegung zumindest nicht sofort wahrnehmen, nicht nachstoßen konnte. Die Nächte waren eisig und kalt, und man mußte höllisch aufpassen, daß man sich die Füße, Nase und Ohren nicht erfror. Von meinen Eltern erhielt ich noch kurz zuvor warme Wintersachen, die mir sehr zustatten kamen und wofür ich froh und dankbar war. Unsere Wehrmacht war auf einen solchen Winter ja nicht vorbereitet, der Feldzug gegen die Sowjetunion sollte ja auch längst siegreich beendet sein.

Der Winterrückzug 1941/42

Ich werde ihn nie vergessen, diesen Winter 1941/42 in Rußland. Er forderte das Letzte, was Menschen an Entbehrungen, Strapazen und Willenskraft zu vergeben haben. Nacht für Nacht waren wir unterwegs. Hinter uns brennende Dörfer, vor uns meterhoch von Schnee verwehtes Gelände, grimmige Kälte mitunter bis 50 Grad. Zunehmend machten uns die russischen Flieger zu schaffen, bei Tag und Nacht griffen sie unsere zurückweichenden Truppen in direktem Beschuß mit Bordwaffen und Bomben an.

Zu einem Alptraum wurde in der Nacht der russische „UvD"; wer dabei war, wird sich entsinnen können... Hinzu kam die sogenannte „Stalinorgel", ein Serienabschußgerät, das wegen der großen Splitterwirkung besonders bei unserer Infanterie gefürchtet war. Hinzu kamen mehr und mehr Todesfälle durch Erfrierungen. Was hatten wir gegen diese eisige Kälte zu bieten? Einen Kopfschützer, dünne Handschuhe und den üblichen Militärmantel. Durch Tagesbefehl wurden wir dazu verpflichtet, die Lederstiefel mit Stofflappen zu umwickeln, um das unausbleibliche Erfrieren der Füße zu vermeiden.

In dieser Verfassung kämpften wir uns zurück in den Raum Rollbahn Medyn bis nördlich Juchnow. Unsinnige Angriffsbefehle von Hitler persönlich an die Armeeführer kosteten unvorstellbare Opfer an Menschen und Material, ganze Einheiten kehrten nicht mehr zurück, und Gefangene gab es selten an dieser Winterfront. Unsere Rückzugs- und Etappenziele konnten in diesem harten Winter verständlicherweise nur die meist verlassenen russischen Dörfer sein. Wo sollten wir uns sonst nach den langen anstrengenden Märschen in Schnee und Kälte aufhalten, wo sollten wir uns sonst aufwärmen, schlafen und erholen von den Strapazen? In die Erde konnten wir uns nicht einbuddeln und verkriechen, denn die war knüppelhart gefroren. Außerdem hätten wir auch gar nicht die Zeit dazu gehabt, und es hätte sich nicht gelohnt, da wir fast täglich neue Etappenziele nach rückwärts zu erreichen hatten. Dazu kamen die verlustreichen Rückzugsgefechte mit dem nachrückenden Gegner.

So ging es meist bei Einbruch der Dunkelheit weiter zum nächsten Ziel. Der Russe wußte natürlich genau, daß die Deutschen sich nur in den Ortschaften festsetzen konnten, und konzentrierte deshalb seine Angriffe mit Artillerie, Panzern, Kampffliegern und Infanterie ausschließlich auf die von uns belegten Ortschaften. Mehr als nur einmal mußten wir vor dem angesetzten Termin Hals über Kopf die Stellung räumen.

Noch gut in Erinnerung ist mir ein solcher Abend, als die Absetzung vom Feind nicht nach Plan ging. Als Funker hatten wir in diesem Winterrückzug 41/42 viel zu leisten, denn wie oft waren wir mit den Infanteriespitzen die Letzten, die sich aus der Frontlinie absetzen konnten, weil man nur auf Funkverbindung angewiesen war.

So war es auch an jenem Abend. Mit Einbruch der Dunkelheit verstärkte sich der feindliche Druck, der gegnerische Beschuß kam aus immer geringerer Entfernung. Die Funksprüche jagten sich; und wir, Jupp Engels und ich, hatten Mühe - obwohl nur noch im Klartext gemorst wurde -, alle Befehle und Anweisungen des Regimentsgefechtsstandes aufzunehmen. Der Abteilungskommandeur und sein Adjutant warteten gar nicht erst auf den fertigen Text, sie lasen direkt mit, was wir aufnahmen.

Nicht nur wir, sondern auch die Offiziere des Abteilungs-

Stabes schüttelten die Köpfe, was man vom Regimentsgefechtsstand verlangte. Inzwischen hatte sich die Situation für uns höchst kritisch zugespitzt. Die Nachhut der Infanterie hatte bereits damit begonnen, die vordersten Häuser des Dorfes in Brand zu stecken. Der Wahrheit zuliebe muß ich an dieser Stelle leider bestätigen, daß verbrannte Dörfer die Wahrzeichen dieses Winterrückzuges waren. Aus strategischen Gründen blieb keine andere Wahl, denn die Russen waren genauso wie wir in diesem frostklirrenden Winter auf die Unterkünfte in den Dörfern angewiesen. Durch das Niederbrennen der Häuser wurde das schnelle Nachrücken des Gegners natürlich wesentlich erschwert.

Doch zurück zu diesem Abend, an dem es inzwischen schon Nacht geworden war: Das Dorf bestand nur noch aus brennenden Häusern, glutrot stiegen die Flammen in den nächtlichen Himmel. Infanterietrupps mit schweren und leichten MG´s zogen sich bereits zurück, an uns vorbei, und riefen uns zu, daß es auch für uns Zeit wäre, zu verschwinden. Wir hätten schon längst gerne unsere Funkgeräte abgebaut, wenn uns nicht immer wieder von der Zentrale dringend durchgegeben worden wäre: „Warten, warten, nicht abbauen, weitere Befehle abwarten!“

Wir waren natürlich an solche Anweisungen gebunden und der Abt.-Kommandeur auch. Doch in unserer prekären Situation mußte eigenmächtig gehandelt werden, und unser Abt-Kommandeur tat es auch so energisch, wie ich ihn bisher noch nicht erlebt hatte. So gaben wir kurzerhand noch dreimal hintereinander unseren letzten Funkspruch durch: „Wir bauen ab - Ende!“

In Eile packten wir unsere Funkgeräte zusammen und unser sogenanntes leichtes Marschgepäck, das im Bewegungskrieg, ob vor oder zurück, auf das Notwendigste reduziert war. Inzwischen hatte sich jedoch ein weiteres heikles Problem ergeben, das uns noch mehr an die Nieren ging. Für die Nachhut-Kommandos hatte man von russischen Bauernhöfen bzw. Kolchosen, oder wo man sie sonst finden konnte, Pferdeschlitten organisiert. Mit ihnen war man weit beweglicher und schneller als mit unseren bespannten Fahrzeugen auf Rädern. Für unseren Abt.-Kommandeur stand auch ein solcher Einspänner-Pferdeschlitten zur Verfügung, auf dem wir unsere Funkgeräte und unser bißchen persönliches Gepäck unterbringen konnten.

Nachdem wir so abrupt unser Funkgerät abgebaut hatten, verstauten wir ebenso schnell unsere Sachen auf dem Schlitten. Wir wunderten uns schon, daß „Johann", der treue Bursche unseres Abt.-Kommandeurs, das Pferd noch nicht eingespannt hatte. Was war los, wo war er? Unser Kommandeur, seine Offiziere und alle weiteren Leute des Stabes hatten sich bereits auf ihren Troßfahrzeugen bzw. Schlitten auf den Weg gemacht. Wo blieb Johann mit dem Pferd?

Uns wurde nun doch mulmig zumute. Das Feuer der brennenden Häuser weitete sich mehr und mehr aus, und immer mehr Infanteristen zogen an uns vorbei. Nach wiederholtem Rufen kam er angekeucht, der arme Johann, er tat mir leid trotz dieser fatalen Situation. Er war ganz außer sich vor Aufregung, und wir hatten Mühe, aus ihm herauszubringen, was nun eigentlich vorgefallen sei. Ich dachte es mir schon: Das Pferd war weg! Ja, es war einfach nicht mehr da, unser gutes Zug- und Reitpferd, das ein deutscher Kamerad von einer anderen Einheit so ganz einfach ausgetauscht hatte gegen eine „lahme Ente", wie wir bald feststellen sollten.

Was blieb uns anderes übrig, als diese lahme Ente an unseren Schlitten zu spannen, und so zogen wir, weit zurückhängend von unserem Troß, als fast letzte Rückzugsspitze

in die Nacht hinein. Wer diesen Winterrückzug mitgemacht hat, weiß, wie solche „Kavaliersdelikte“ an der Tagesordnung waren,natürlich nur dann, wenn verschiedene Einheiten in einem Dorf untergebracht waren. Wie oft mußte ich feststellen, wenn wir als Letzte abrückten, daß mein Karabiner, die Gasmaske oder der Stahlhelm fehlte. Ich konnte ja nicht dauernd auf diese Sachen aufpassen, wenn ich am Funkgerät voll beschäftigt war. Was blieb mir anderes übrig, als die nächste günstige Gelegenheit wahrzunehmen, um auf die gleiche Art das Fehlende wieder zu ergänzen.
Unser eigenmächtiger Abbruch der Funkverbindung mit der uns vorgesetzten Zentrale des Regimentsgefechtsstandes hatte noch ein Nachspiel: Man wollte uns die Nichtausführung einer dienstlichen Anweisung vorwerfen. Doch der Kommandeur der 1. Abteilung, Major von Sonntag, von dem ich im nächsten Kapitel noch ausführlicher berichten werde, stand voll hinter uns und bestätigte, daß der Abbruch auf seinen ausdrücklichen Befehl erfolgt sei. Das hätte uns gerade noch gefehlt nach allen ausgestandenen Ängsten und Nöten in dieser Nacht, daß man uns beinahe noch ein dienstliches Verfahren angehängt hätte.

Mit unserer „lahmen Ente“ kamen wir natürlich nicht weit, und man hatte uns Gott sei Dank auch schon bald beim Abt.-Stab vermißt. Schließlich war es ja der Kommandeurschlitten, und so half man uns mit einem besseren Zugpferd aus der Patsche.
Er war schon hart, dieser Winterrückzug 41/42 mit all seinen Nebenauswirkungen. In unerbittlichen und verlustreichen Abwehrkämpfen war es den Verbänden des Mittelabschnittes letzten Endes gelungen,den Durchbruch der Roten Armee zu vereiteln. Er hätte verheerende Folgen für die gesamte Kriegslage im Osten haben können. Nicht ohne Grund wurde für diese Leistungen deutscher Soldaten die Medaille „Winterschlacht im Osten 1941/42“ geschaffen, die man in Landserkreisen als „Gefrierfleischorden“ betitelte.

Unser „Sonntägle“

Doch nun will ich zunächst von einem Erlebnis berichten, das mir heute noch nahegeht. Unser „Sonntägle“ war unser Abteilungskommandeur, Major von Sonntag, später Oberst und Regimentskommandeur. Er war ein Schwabe, ein gemütlicher Schwabe, und alles andere als ein karrierebesessener Draufgänger. Er war wirklich ein mehr väterlicher Typ, deshalb wurde er auch „Papa Sonntag“ oder „unser Sonntägle“ genannt.

Wir kritisierten oft seine vorsichtigen Entscheidungen, die wir mitunter als übertriebene Vorsicht und als zu wenig Mut beurteilten. Doch dann kam der Tag, der für meinen Freund und Kameraden Jupp Engels, für mich und weitere Kameraden ohne unseren „Sonntägle“ der letzte gewesen wäre. Der gnadenlose Winterrückzug 41/42 war überstanden. Übermenschliche Strapazen und Ausharrungsvermögen der deutschen Ostfrontsoldaten hatten in grimmiger Kälte ohne die so bitter notwendig gewesene Winterbekleidung gegen bestens ausgerüstete Sowjettruppen ein Chaos und einen bereits möglich gewesenen entscheidenden Durchbruch an der Mittelfront verhindert.

Nach diesem verlustreichen Rückzug gab es zum Frühjahr 1942 wieder eine stabile Front im Raume nördlich von Juchnow. In einem russischen Dorf, das von allen Bewohnern längst verlassen war, nisteten wir uns ein. In einem verlassenen Bauernhaus befand sich der Abt.-Gefechtsstand, in dem Jupp und ich auch unsere Funkstelle aufbauten. Im Nebenraum befand sich der Stab einer Infanterie-Sanitätskompanie mit ca. 8-12 Soldaten. Die Front war zunächst ruhig, und so hatten wir Zeit und Gelegenheit, es uns in dem Bauernhaus gemütlich zu machen. Es tat uns gut, einmal ausruhen und verschnaufen zu können.

Ich genoß diese Ruhe, die meine Gedanken in die ferne Heimat lenkte, so daß aus dieser Stimmung heraus das Gedicht „Lang ist´s her“ entstand,das am Ende dieses Kapitels wiedergegeben ist. Ich kann mich noch gut entsinnen, ich habe diese Verse an einem dieser ruhigen Abende zu Papier gebracht und an meine Cousine Else geschickt, die es der damaligen Tageszeitung zur Veröffentlichung übergab.

Am nächsten Tag, bereits am Vormittag, war es plötzlich mit der Ruhe vorbei. Russische Artillerie wurde aktiv, vorerst noch vereinzelte Einschläge, wir waren jedoch schon erfahren genug, um zu ahnen, daß sich etwas anbahnte. Dieser Meinung war auch unser Abt.-Kommandeur Major von Sonntag. Er sagte zunächst kaum ein Wort, doch er rannte nervös in unserem Raum umher, lief nach draußen, kam wieder herein und begann aufs neue mit seinem unruhigen Hin- und Hergelaufe. Dann verlangte er ständig die neuesten VB (vorgeschobener Beobachter) - Meldungen, wir frotzelten schon ein bißchen: „Guckt, wie aufgeregt wieder unser „Sonntägle“ ist!“. Das Streufeuer der russischen Artillerie wurde zunehmend intensiver. Unser „Sonntägle“ wurde plötzlich aggressiv. „Der Russe“, so sagte er, „schießt sich ein, wir ziehen sofort um, hier in der Nähe ist so ein Kartoffel-Bunkerle, da könnt ihr euer Funkgerät aufbauen“. Na, wie waren wir sauer, aus unserer gemütlichen Bauernstube umzuziehen in einen tristen Kartoffel-Bunker. Doch was nützte es, Befehl war Befehl. Wir zogen also um in das Kartoffel-Bunkerle.

Ich kann die Zeitspanne heute nicht mehr ganz genau bemessen, jedoch eine halbe Stunde nach dem Umzug brach ein Inferno los. Die russische Artillerie hatte sich haargenau auf die von uns besetzte Ortschaft eingeschossen, aus allen Rohren ballerte sie auf das russische Dorf, es blieb kaum noch etwas davon übrig.

Es war grauenhaft, welcher Anblick sich uns nach diesem Feuerüberfall bot. Neben allen übrigen war auch unser Haus, in dem wir uns noch kurz zuvor befunden hatten, total zusammengeschossen. Unsere Sanitätskameraden, die nicht ausgezogen waren, hatte es hart getroffen. Acht Mann waren tot, die übrigen schwer verwundet.

Wir haben unseren Abt.-Kommandeur von Sonntag nie mehr einen Angsthasen genannt. In Dankbarkeit denke ich noch heute an ihn. Es war mir eine ganz besondere Freude, ihm, anläßlich eines Traditionstreffens in Mainz, nochmals für diese Lebensrettung zu danken.

Bei solchen Gelegenheiten - es fanden etliche Treffen der „Weintraubendivision" in Mainz statt - wurden so manche Episoden und Erlebnisse wieder wach. So auch die in diesem Kapitel bereits erzählte Begebenheit, als man unserem „Sonntägle" den „Gaul" geklaut hatte. Ja, er wäre oft arm dran gewesen, wenn er seinen Burschen Johann Elsen - er lebt und wohnt heute noch in seinem Geburtsort Hinzerath im Hunsrück - nicht gehabt hätte! Viele Anekdoten kursierten in der Runde von diesem „Gespann", die teils auf Wahrheit beruhten, teils aber auch Dichtung waren.

Ja, was hätte unser Kommandeur in diesen Wintermonaten 1941/42 ohne seinen „Johann" gemacht! Ich glaube, er wäre von Läusen und Flöhen aufgefressen worden. Nun, ich war ja meistens in allernächster Nähe von den beiden und habe mitbekommen, wenn sie ihre Dialoge führten.

Trotz allen Ernstes in dieser schweren Zeit konnten wir uns oftmals das Lachen nicht verbeißen. Besonders interessant war es, wenn Johann zum „Läuseknacken" befohlen wurde. Da fing bei uns schon das Grinsen an. „Else" - das „n" verschluckte er meist - „ kommens mal schnell, mei Kopf,mei Hemd und auch die Unterhos müssen voller Läuse sitzen.“ Der gute Johann - was sollte er anderes machen - flitzte eiligst herbei - zur „Läusejagd“! Zuerst durchsuchte er die Kopfhaare mit einem dichten Kamm, danach ging es an die Klamotten.Wenn es dann so munter knackte, bekam unser „Sonntägle“ ein ganz zufriedenes Gesicht, wobei er ja nicht ahnte, daß Johann so zwischendurch, auch wenn er keine Laus erhaschte, mit den Fingernägeln das Geräusch des Läuseknackens nachahmte. Wir haben uns oft amüsiert über diese „Rekorderfolge“ von Johann.

Die Verlausung war eine üble Plage, die uns zusätzlich im Winterrückzug belastete. Wir kamen oft wochenlang nicht aus den Klamotten heraus und hatten auch keine Gelegenheit, die Unterwäsche zu wechseln. Kein Wunder, daß sich da diese unliebsamen Gefährten eingenistet hatten! Begünstigt wurde diese Misere natürlich durch die Unterkünfte in den verdreckten Räumen der Häuser, wo es nur so wimmelte von Läusen und Wanzen.

Es war schon eine fiese Sache mit diesem Viehzeug. Besonders unangenehm wurde es auch beim Marschieren: Wenn der Körper wärmer wurde, dann wurden auch diese niedlichen Tierchen lebendig, und sie krabbelten uns munter aus dem Halskragen heraus.

So freuten wir uns verständlicherweise, wenn mal wieder ein paar Ruhetage angesagt waren. Wir nutzten sie vordringlich, wenn es die Lage gestattete, zum Läuseknacken und Desinfizieren unserer Unterwäsche und Bekleidung. Es war eine fühlbare Wohltat, zumindest einmal wieder einige Stunden ohne krabbelnde und piekende Störenfriede genießen zu können. Ja, wie genügsam der Mensch mitunter sein kann...!

Ein Gruß aus dem Osten

Der Gefreite Erwin Wagner aus Heinzenbach sendet aus dem Osten folgendes gefühlvolle Gedicht in dieHeimat, das wir unserer Leserschaft nicht vorenthalten wollen:

„Lang ist's her!

Bevor ich meine Augen schließe
und mich der Schlaf noch nicht gebannt,
Dann send 'ich stille, heiße Grüße
fern in mein liebes Heimatland.

So träum ich still und leis - versonnen
im grauen Dunkel kalter Nächte -
von einer Zeit, die längst verronnen
wie ein Phantom geheimer Mächte.

Es deucht mir oft in diesen Stunden,
als wär ich gar nicht ich -
als hätt 'ein Traum dies nur erfunden,
und Visionen narrten mich!

So fern liegt schon die schöne Zeit:
Versunken - aber nicht vergessen.
Sie war doch einmal Wirklichkeit,
und reich mit Glück bemessen!

So lass 'ich die Gedanken schweifen,
den Sinn, der in die Heimat dringt.
Mit meinen Händen könnt 'ich greifen
das Bild, das meinem Geist entspringt!

Da steht das traute Elternhaus,
wo frohe Stunden ich verbracht.
Wo täglich ich ging ein und aus
und warmes Glück mir zugelacht!

Ich denk 'zurück an jene Tage,
wo Muttergüte mich umhegt,
die täglich neu und ohne Klage,
in Liebe ihre Hände regt!

Und kehre einmal ich zurück,
wenn alle Waffen müssen schweigen;
dann wird das wahre, große Glück
auf's neue uns vereinen!

(So abgedruckt im „Nationalblatt"
Simmern, im Frühjahr 1942)

Nach der Winterschlacht 1941/42

Hart und verlustreich an Menschen und Material waren die Rückzugskämpfe des Winters 41/42. Anfang April konnte die HKL wieder stabilisiert werden, die russischen Angriffe ließen nach, beide Seiten beschränkten sich auf örtliche Späh- und Stoßtrupptätigkeiten. Wir bezogen Stellung an der Popolta, in der wir bis Ende Januar 1943 verbleiben konnten. Es war ein Geschenk des Himmels, nach diesem mörderischen Winter wieder etwas Zeit für sich selbst zu haben.

So turbulent und strapaziös die vergangenen Wochen und Monate waren, so wurden wir nun regelrecht damit verwöhnt, einmal länger in einem Frontabschnitt auf der Stelle treten zu können. Durch diesen Winterrückzug hatte sich manches geändert, der Elan des Angriffes und der ungestüme Vorwärtsdrang waren einer schon mehr stoischen Verteidigungsstrategie gewichen. Und wir genossen sie auf unsere Weise: Tagsüber bauten wir unsere Bunkerstellungen aus und richteten sie so gemütlich ein, als wollten wir hier das Kriegsende erleben.

Nun darf man unsere Bunker nicht mit den Westwall-bunkern aus Beton und Eisen vergleichen. An Material stand uns nur Holz und Erde zur Verfügung. So wurde zunächst einmal eine große Grube ausgehoben, möglichst in einem abhängigen Waldgelände. Sodann fällten wir Bäume, deren Stämme für den Ausbau benutzt wurden. Es waren genaugenommen Holzblockhäuser in der Erde, die zum Abschluß mit Erde und Ästen abgedeckt und getarnt wurden. Im Laufe der Zeit wurden wir so zu regelrechten Spezialisten in diesem Bunkerbau.

Es war wirklich eine herrliche Waldstellung, die Bunker lagen am Abhang eines Birkenwäldchens, an dem ein munterer Bach vorbeifloß. Wir fühlten uns fast wie im Urlaub, ja es war wie eine Kur nach einer schweren Krankheit.

Bunkerbau

In dieser ruhigen Phase des Krieges, zumindest an unserem Frontabschnitt, kam dann die immer wieder kursierende Parole „Heimaturlaub“! Es war glücklicherweise nicht eine übliche Parole, sondern eine erfreuliche Tatsache, es gab wirklich Heimaturlaub. Zunächst wurde ich einmal wieder auf die Schreibstube des Stabes zurückbeordert, um bei den Formalitäten für die glücklichen Fronturlauber behilflich zu sein.

Dann war aber auch ich an der Reihe. Am 18. Mai 1942 konnte ich ab Bahnhof Roslawl meinen ersten Heimaturlaub seit Beginn des Rußlandfeldzuges antreten. Dort traf ich ganz unverhofft einen Bekannten aus meiner Heimat, den Karl Weber aus Kirchberg, Sohn des Gastwirtes des Hotels Weber, später weit und breit unter dem Namen „Gramansk“ bekannt. Wir hatten die gleiche Urlaubszeit, so daß wir auch die Rückfahrt an die Front wieder gemeinsam antreten konnten. Wir hatten das Glück, daß wir beide den Krieg überlebten und uns nach vielen langen Jahren in der Heimat wiedersahen. Nachdem ich dann selbst Kirchberger Bürger geworden war, habe ich oft seine Gaststätte aufgesucht. Es waren immer wieder die gemeinsamen Erinnerungen an diesen Heimaturlaub, über die wir uns gern in geselliger Runde unterhielten.

Meine Freude war natürlich unbeschreiblich: daß ich für drei Wochen in Urlaub fahren konnte, daß ich meine Eltern, meine schöne Hunsrückheimat wiedersehen sollte. Es war ein frohes Wiedersehen mit den Eltern, Verwandten und Bekannten.

Meine Jugendfreunde und Schulkameraden traf ich jedoch nicht, sie standen wie ich irgendwo im Kriegsgeschehen. Und viele, viele hatten bereits ihr junges Leben hingeben müssen, das mußte ich mit Bitterkeit in diesen Urlaubswochen feststellen. So sehr mich diese so wenig erfreulichen Nachrichten in der Heimat beeindruckten, so muß man auch verstehen, daß ich als junger Mensch von gerade zwanzig Jahren nach diesem harten Kriegserleben auch wieder einige frohe Tage erleben wollte.

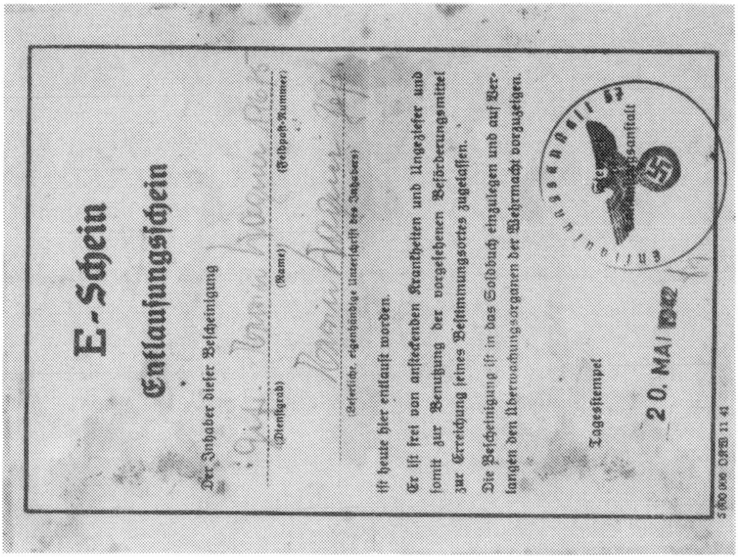

E-Schein

Entlausungsschein

Der Inhaber dieser Bescheinigung

(Dienstgrad) (Name) (Feldpost-Nummer)

(Amtliche, eigenhändige Unterschrift des Inhabers)

ist heute hier entlaust worden.

Er ist frei von ansteckenden Krankheiten und Ungeziefer und somit zur Benutzung der vorgesehenen Beförderungsmittel zur Erreichung seines Bestimmungsortes zugelassen.

Die Bescheinigung ist in das Soldbuch einzulegen und auf Verlangen den Überwachungsorganen der Wehrmacht vorzuzeigen.

Tagesstempel

20. MAI 1942

Gültig für „zuschlagfreie Schnellzüge im Urlauberverkehr", bei Zu- und Anschlußreisen auch für Personenzüge

Kleiner Wehrmachtfahrschein, Teil 2

(Gilt als Fahrausweis und ist bei Beendigung der Reise auf dem Zielbahnhof abzugeben)

für .... in Buchstaben .... Personen in der 2. Klasse

für 1 in Buchstaben eins Personen in der 3. Klasse

für .... in Buchstaben .... Diensthunde

für Reisegepäck von .... in Buchstaben .... Personen

zur einmaligen Fahrt auf der Eisenbahn

von Bahnhof ....

nach Bahnhof ....

über ....

Das Fahrgeld ist zu stunden.

Ausgefertigt am .... 194..

Feldeinheit 17675

(Truppenteil)

(Unterschrift, Dienstgrad, Dienststellung)

Oberleutnant

Entlausungsschein 1942 - Kleiner Wehrmachtsfahrschein 1942

Ich freute mich über diesen Urlaub in meinem Elternhaus, ich freute mich aber auch darauf, einige Bekannte aus meiner Koblenzer Garnisonszeit zu besuchen. Mit ganz besonderem Herzklopfen folgte ich einer Einladung meiner damaligen Brieffreundin Waltraud. Es klingt wie ein Märchen, aber es war wirklich so: Waltraud hatte mich eingeladen, auf „Schloß Mertert" in Luxemburg, dem Stammsitz einer Großherzogin, einige Urlaubstage zu verleben. Die Besitzerin war vor den anrückenden deutschen Truppen geflohen, Luxemburg galt als besetztes Land. Ja, ein Urlaub auf einem Schloß, ich glaubte zu träumen nach diesen entbehrungsreichen Monaten des Krieges in Rußland. Es war fast zu schön, um wahr zu sein, trotzdem, es war so, es war eine wunderbare Romanze in diesem sonnigen Monat Mai auf einem romantischen Schloß mit einem quicklebendigen, hübschen Schloßfräulein. Waltraud war die Tochter eines Oberförsters und Kreisjägermeisters, dem dieses Schloß in Luxemburg als Dienstsitz zugewiesen worden war.

Aus diesen harmonischen Urlaubstagen entwickelte sich eine innige Zuneigung, eine jugendliche Liebe, die mir über manche schweren Stunden in den nächsten Kriegsjahren hinweggeholfen hat.

Der letzte Urlaubstag war gekommen, und es hieß Abschied nehmen. Am schwersten fiel mir der Abschied von meinen lieben Eltern, die sich so viele Sorgen machten; besonders mein Vater war mehr denn je davon überzeugt, daß dieser Krieg niemals gut für uns enden würde.

Auf dem Bahnhof traf ich dann auch wieder Karl Weber, und wir dampften wie auf der Heimfahrt nun wieder gemeinsam in Richtung Osten. In Berlin hatten wir einen längeren Aufenthalt, den wir zu einem kurzen Abstecher in die Stadt benutzten. Dann war es mit der Zivilisation wieder zu Ende, und der Zug ratterte unaufhaltsam durch das polnische und russische Land zur Endstation Roslawl. Es war weiter ruhig geblieben, so daß sich meine Einheit unverändert in der alten Stellung befand.

Heimatland, ich sah Dich wieder!

Mein Heimatland, ich sah Dich wieder,
Sah Dich in Deiner Frühlingspracht,
Ich sang wie einst die trauten Lieder -
Wie einst in mancher Sommernacht!

Von fern schon grüßten Deine Höh´ n
Und Deiner Wälder grünes Band,
Noch niemals fand ich Dich so schön,
So herrlich, Dich, mein Hunsrückland!

Mein Herz es schlug vor Freud´ so wild,
Die ganze Welt schien mir verklärt,
Oh Heimatflur, vertrautes Bild,
Wie lange hab´ ich Dich entbehrt!

Wie einst noch raunen Deine Wälder
Ihr monotones ew´ges Lied,
Und wieder grünen Wiesen, Felder,
Darüber froh die Lerche zieht!

Wie munter plätschert noch der Bach,
Wie einst in meiner Jugendzeit -
Verrauschtes Glück ward in mir wach,
Verrauschtes Glück und Leid!

Von fernen längst entschwundnen Tagen
Saß träumend ich am 'Waldesrand,
Doch ohne Wehmut, ohne Klagen:
Geblieben ist mein Heimatland!

Erinnerung an meinen ersten Heimaturlaub
von der Ostfront im Mai 1942

Meine Kameraden freuten sich natürlich über meine Rückkehr und waren verständlicherweise neugierig auf meine Erzählungen und Erlebnisse. Nun, ich hatte ja viel Schönes in meinen Urlaubstagen erlebt. In den vielen nachfolgenden Nächten war ich in Gedanken und Träumen immer wieder daheim.

Zwei Tage behielt mich unser Spieß noch auf der Schreibstube, er war selbst gerade aus dem Urlaub gekommen und deshalb in der gleichen Gemütsverfassung wie ich. Dann nahm ich wiederum meine alte Funktion auf dem Gefechtsstand der ersten Abteilung ein. So plätscherten die Tage dahin, am Funkgerät hatten wir lediglich die üblichen Verständigungsproben durchzuführen. Solange die Fernsprechleitungen intakt waren, ging der Nachrichtenverkehr über Telefon.

Am 12. Juli 1942, es war ein Sonntag, wurde ich mit Jupp Engels zu einem Sonderunternehmen im rückwärtigen Gebiet eingesetzt. Wir wußten auch schon gleich, was dahintersteckte: Partisanenbekämpfung! Schon um drei Uhr in der Frühe ging es los. Mit dem Funkgerät auf dem Rücken marschierten wir stundenlang durch Wald und Gebüsch. Das ganze Waldgebiet, das wir durchstreiften, war ein einziges Sumpfgelände mit unzähligen Wassertümpeln. Bis über die Knie standen wir zeitweise im Wasser. Doch das wäre noch das wenigste gewesen, mehr machten uns die Stechmücken und Schnaken zu schaffen, die gerade während der Sommerzeit in solchem Sumpfgelände fast nicht auszuhalten waren. Da ich schon immer für solche „Viecher" empfänglich war, sah mein Gesicht zum Schluß wie ein Streuselkuchen aus.

Zum Glück hatten wir keine Partisanen aufgespürt, so daß wir am Nachmittag wieder zum Gefechtsstand zurückkehren konnten. Mit Partisanen hatten wir in unserem Frontabschnitt erstmals in diesem Sommer 1942 zu tun, und keiner war begeistert von solchen Sondereinsätzen. Lieber den Feind von vorne erwarten, als irgendwo aus dem Hinterhalt abgeschossen zu werden!

Nun, es war noch einmal gutgegangen...

Anfang August erhielt ich von meinen Eltern die Nachricht, daß mein Bruder Franz, der an der südlichen Ostfront eingesetzt war, während der harten Kämpfe um Charkow verwundet und mit einer Ju aus dem Kampfgebiet herausgeflogen worden war. Da ich schon länger nichts mehr von ihm gehört hatte, war ich nun doch erleichtert, daß er noch lebte und auch keine lebensgefährliche Verwundung erlitten hatte.

Ende September hatte mein Kamerad Jupp Engels endlich auch das Glück, in Urlaub zu fahren, nachdem man ihn schon seit Mai vertröstet hatte. Nun kam er Anfang Oktober zurück mit einem großen Paket für mich, worüber ich mich - und gleichzeitig auch meine Kameraden - riesig freute, denn solche „besonderen Grüße“ aus der Heimat wurden immer kameradschaftlich geteilt.

Mit Jupp Engels war ich nun leider nicht mehr zusammen, da er für besondere Aufträge beim Stab benötigt wurde und ich zum Funktruppführer avancierte. Das war natürlich schade, denn wir hatten uns durch das lange Beisammensein in den harten Kriegstagen nicht nur als gute Kameraden, sondern auch als aufrichtige Freunde zusammengefunden. So hielten wir den ganzen Krieg hindurch auch weiterhin guten Kontakt miteinander und blieben die alten Freunde.

Wir haben beide den Krieg und auch die Gefangenschaft glücklich überstanden. Nach unserer Heimkehr 1949 haben wir wieder Verbindung aufgenommen, uns öfters besucht und die alte Freundschaft wieder aufgefrischt. Ja, lang ist es her, doch wenn wir von unseren gemeinsamen Erlebnissen erzählen, dann könnten sie gestern gewesen sein.

Nach dem ruhigen Sommer auch noch ein ruhiger Herbst 1942

Wir hättten es nie für möglich gehalten, daß wir nach diesen erbitterten Rückzugskämpfen im Frontabschnitt Mitte einen solchen „erholsamen Krieg“ bis Ende Januar 1943 erleben sollten. Wir befanden uns immer noch in der Popolta-Stellung, der Divisionsgefechtsstand (263. ID) in der Nähe von Schupanowo.

Unsere Infanterieregimenter, auch unser Artillerieregiment, hatten schwere Verluste hinnehmen müssen, ein Großteil der Pferde und mindestens die Hälfte der Geschütze waren im Winter verloren gegangen. Die folgenden, glücklicherweise ruhigen Monate wurden intensiv ausgenützt, die angeschlagenen Einheiten der 263. ID durch Reserven aus der Heimat aufzufrischen. Viele junge Rekruten, dürftig ausgebildet, kamen zu uns, um die Lücken aufzufüllen. Auch bis in den Herbst hinein blieb es weiterhin verhältnismäßig ruhig in unserem Frontabschnitt. Artillerieduelle, Aufklärungsflüge beiderseits, auch einmal einige Luftkämpfe und vor allem Spähtruppeinsätze gehörten natürlich zum Tagesablauf. Die Verschaufpause wurde denn auch vernünftigerweise dazu genutzt, daß die bisher noch nicht berücksichtigten Soldaten ihren wohlverdienten Heimaturlaub antreten konnten.

Auch unser Unteroffizier Werner von der Schreibstube des Stabes, den ich ja schon öfters unterstützt und vertreten hatte, wartete sehnlichst auf seinen Urlaub. So holte man mich am 15.Oktober 42 zurück, damit ich die Schreibstubengeschäfte übernehmen konnte. Nun, ich kannte mich ja aus, und es war stets ein gutes Zusammenarbeiten mit unserem Stabswachtmeister Bachmann, unserem Spieß. Es war ein freudiges Wiedersehen mit all den alten Kameraden vom Stab, und Jupp Engels lud mich sogleich ein, in seinem Bunker zu wohnen.

Ja, es war doch ein ganz anderes Leben hier in der „Etappe“ - wir nannten sie die „Protzenstellung“ - als auf dem Gefechtsstand an der Front.

Ich hatte mich auf drei Wochen Vertretung eingestellt und deshalb auch nur mein notwendigstes Gepäck mitgebracht. Doch man hatte inzwischen herausgefunden, daß man mich für vieles gebrauchen konnte, wodurch ich sozusagen zum „Mädchen für alles“ wurde. Durch die Erkrankung des Wachtmeisters der Zahlmeisterei benötigte der Stabszahlmeister dringend einen Ersatzmann. Den fand man schnell in mir; und ehe ich mich versah, war ich abkommandiert zum Regimentsgefechtsstand.

Hier fand ich sehr viel Arbeit vor. Wie es so üblich ist bei Verwaltungsstellen, mußten auch im Krieg die Zahlen stimmen. Hinzu kam die Ausstattung mit Winterbekleidung, deren Verteilung der Zahlmeisterei für das gesamte Regiment oblag.

Für mich war diese Materie natürlich neu, doch ich hatte sie schon bald im Griff, und mein Stabszahlmeister war offensichtlich sehr zufrieden mit mir. So wollte er mich auch unbedingt behalten und mich als Rechnungsführer offiziell ausbilden lassen. Doch es wurden auch gute Funker an der Front gebraucht, und als Funktruppführer hatte ich wenig Chancen, auf die Dauer „Etappenhase“ zu bleiben.

Zunächst jedoch genoß ich dieses Leben etwas weg von der Front; ich genoß es bewußt, denn es konnte sehr schnell wieder anders sein. Weihnachten stand vor der Tür, Weihnachten 1942. Wir wagten es gar nicht, uns darauf zu freuen, die Enttäuschung aus dem Vorjahr war uns noch zu deutlich in Erinnerung. Doch wir sollten diesmal Glück haben, es blieb auch über die Weihnachtsfeiertage und über Neujahr weiterhin ruhig.

So hatten wir Gelegenheit, nachzuholen, was uns im vergangenen Jahr verwehrt war: einen besinnlichen Heiligabend! Wir saßen gemütlich um unseren Weihnachtsbaum, die Gedanken wanderten weit durch das Dunkel der Nacht in die ferne Heimat. Ein jeder war zunächst mit sich selbst beschäftigt, doch dann lösten sich die Zungen, es wurde erzählt von früher, die Väter sprachen von ihren Familien und ihren Kindern, wir Jüngeren von den Eltern und allen anderen, die uns nahe standen. Doch dann wurde es fröhlicher; Wein, Rum, Cognac und Sekt, den man uns reichlich zur Verfügung gestellt hatte, sorgten letzten Endes für eine Fröhlichkeit des Vergessens.

Am zweiten Weihnachtsfeiertag erhielt ich als schönstes Weihnachtsgeschenk einen langen Brief von meinen Eltern. Ich freute mich sehr, daß mein einziger Bruder Franz nach seiner Verwundung (Lungenstecksplitter) Weihnachten und Neujahr bei meinen Eltern verbringen konnte. Gleichzeitig kam jedoch auch eine traurige Botschaft: Mein Mitschüler und guter Freund Alfred Kauer, mit dem mich viele schöne Stunden in gemeinsamer Jugendzeit verbanden, hatte in den Schneefeldern des russischen Winters 1942 sein junges Leben lassen müssen. Wie waren wir einst so lebensfroh, so unbeschwert und voller Zunkunftspläne! Vorbei!

Ich befand mich immer noch auf der Zahlmeisterei. Doch dann munkelte man von Veränderungen, die auch bald kamen. Auf der Funkzentrale des Regimentsgefechtsstandes - Funkverbindung zur Division und den Artillerieabteilungen - fehlte ein Funker. Als „Mädchen für alles“ wurde ich dorthin abkommandiert und eingesetzt. Es kriselte, das hatten wir alle im Gefühl. Am 27. Januar 1943 war es dann so weit, daß wir unsere alten Stellungen, die wir inzwischen als „komfortable Bungalows“ ausgebaut hatten, verlassen mußten. Ich wurde zu einem Vorkommando abgestellt, um für die erste Etappe nach einem 80 km langen Marsch Unterkünfte zu erkunden. Von da ging es drei Tage lang mit der Eisenbahn in den nördlichen Kampfabschnitt Mitte. Der Winter 1943 forderte also doch noch seinen Tribut von uns!

Deprimiert und sehr, sehr nachdenklich verfolgten wir die Berichte von der Schlacht um Stalingrad. Es war nach dem Winterrückzug 1941/42 die zweite große Niederlage an der Ostfront.

Fast 280.000 deutsche Soldaten wurden Ende November 1942 im Kessel von Stalingrad eingeschlossen. Rund 150.000 fanden den Tod, über 110.000 kamen in Gefangenschaft, ca. 20 - 35.000 - meist Verwundete - konnten bis zur Kapitulation am 2. Februar 1943 ausgeflogen werden. Hinzu kamen auf der gegnerischen Seite ca. 50.000 gefallene Sowjetsoldaten und nochmals 50.000 Einwohner von Stalingrad, die im Verlaufe der Kämpfe ihr Leben lassen mußten.

Eine grauenhafte Bilanz rücksichtsloser Kriegsführung, die auf die persönlichen Befehle Adolf Hitlers zurückzuführen war. Die Anweisungen an die Generäle gestatteten keinen Ausbruch, sie befahlen ausdrücklich das Ausharren bis zum letzten Mann.

Generalfeldmarschall Paulus - der später in Verbindung mit dem „Nationalkomitee Freies Deutschland“ ins Zwielicht geriet - führte diesen Befehl zunächst gehorsam aus. Doch, wie bereits erwähnt, am 2. Februar 1943 mußte er mit dem Rest seiner 6. Armee kapitulieren. Zu den Toten und Verwundeten auf beiden Seiten kam, daß die ehemals blühende Wolgastadt Stalingrad, während der über fünfmonatigen Kämpfe total zerstört, zu einer Stadt der Ruinen wurde.

Zu dieser Tragödie „Stalingrad“ kamen die militärischen Niederlagen in Nordafrika im Januar 1943. Mir und vielen gleichgesinnten Kameraden wurde es in diesen entscheidenden Wochen klar, daß der Krieg verloren war.

Das Jahr 1943

Die Totenschau

Einerseits widerstrebt es mir, das nachfolgende Erlebnis aus meinen Kriegsjahren in Rußland zu beschreiben. Andererseits jedoch meine ich, man sollte auch und gerade deswegen die Tragik eines unsinnigen Sterbens von Menschen, die noch gerne gelebt hätten, in die Erinnerung der heutigen Welt zurückrufen.

Im Raum Welikije-Luki tobten inzwischen erbitterte Abwehrkämpfe, und es war mit einem russischen Fronteinbruch zu rechnen. Aus diesem Grunde wurde unsere Division kurzfristig im Eiltempo in diesen Frontabschnitt verlegt. Anfang Februar erreichten wir unsere neuen Stellungen in einem kahlen und sumpfigen Hügelgelände. Wir hatten uns auf einen sofortigen Einsatz und harte Kämpfe eingestellt, doch es war zunächst eine fast unheimliche Ruhe, die uns empfing.

Und dann sahen wir sie: die Totenschau! In endlosen Reihen hatte man sie hier zusammengetragen, es waren Hunderte gefallener Soldaten, die auf ihr Massengrab warteten. Die erbitterte Abwehrschlacht bei Welikije.-Luki war geschlagen - unvergeßlich der Heldenkampf der Verteidiger der Zitadelle. Doch zu welchem Preis! Der Tribut war der Tod Tausender blutjunger Menschen und Familienväter, die so gerne zu der Familie heimkehren wollten. Nun lagen sie da, mit Blut verkrustet, tot und steifgefroren mit bitteren und müden Gesichtszügen. Vorbei das Leben, das jeder einmal so hoffnungsvoll begonnen hatte!

Ich habe die Erinnerung an dieses Erleben, das Bild dieser Totenschau bis heute nicht verdrängen können. Vielleicht ist es auch gut so, denn wie leicht vergißt der Mensch im Wohlstand, daß es einmal ganz anders war und vielleicht auch wieder einmal anders werden kann.

Zum Gedenken an alle Gefallenen des 2. Weltkrieges

Vorbei der Kampf, zu End´ das Leben,
das hoffnungsvoll einmal begann,
vorbei die Mühen, vorbei das Streben:
der Tod, - er fragt nicht nach dem Wann!

Unsere Division wurde in der Nähe von Lobno eingesetzt. Ich wurde wieder als Funker zu meiner alten ersten Abteilung abkommandiert. Mit einem Rodelschlitten, beladen mit den Funkgeräten und unseren eigenen Sachen, zogen wir los, ohne Wegekenntnisse, in völlig fremdes Gelände. Die Fernsprechleitung, die jedoch durch den starken Schneefall in den letzten Tagen meist verschüttet war, sollte uns den Weg zeigen.

Nach stundenlangem Hin und Her kamen wir schließlich total erschöpft auf dem Gefechtsstand an. Doch was uns dort erwartete, war mehr als trostlos: So wie die Gegend war, so waren auch die Unterkünfte. Primitive Erdlöcher, in denen das Wasser stand, notdürftig abgedeckt, das waren unsere neuen Stellungen. Es half alles nichts, wir mußten auf´s neue buddeln und bauen, wenn wir in diesen Sumpflöchern nicht krank werden wollten. Aber wir hatten es bald wieder geschafft, einen einigermaßen wohnlichen und vor allen Dingen trockenen Bunker zu besitzen.

Nach diesen verlustreichen Abwehrkämpfen im Februar 1943 hatte sich die Lage in unserem neuen Frontabschnitt wieder beruhigt. Die Urlaubssperre war inzwischen durch besonderen „Befehl des Führers“ aufgehoben worden, und es gab berechtigte Hoffnung auf einen weiteren Heimaturlaub. Zunächst jedoch gab es noch viel Regen, Matsch und Schlamm bis in den April hinein.

Der „Iwan“ (Bezeichnung für Russe) hatte inzwischen mit einem Propagandakrieg an der Front begonnen. Abends ertönten Lautsprecher auf der russischen Seite, zunächst deutsche Musik, dann Aufrufe in deutscher Sprache, teils von deutschen Gefangenen gesprochen. „ Der Krieg ist für Deutschland verloren! Deutsche Kameraden, werft die

Waffen weg, kommt zu uns, rettet euer Leben!" - So schallte es zu unseren Stellungen herüber. Besonders hervorgehoben wurde das Drama von Stalingrad und das Zurückweichen der deutschen Front. Man verlas Appelle von General Paulus, dem letzten Befehlshaber von Stalingrad, den man als Präsident eines von deutschen Kriegsgefangenen gebildeten National-Komitees „Freies Deutschland" benannte. Insgesamt gesehen war unsere militärische Lage ja nicht mehr so rosig zu sehen, und in vielen Punkten mußten wir der russischen Propaganda rechtgeben.

Urlaub im Mai 1943

Ich hatte nochmals das Glück, im schönen Wonnemonat Mai meine Heimat wiederzusehen. Urlaub - wie klopfte mein Herz wieder einmal höher, als ich den Urlaubsschein in Händen hielt! Den beschwerlichen Weg bis zur Eisenbahnschiene nahm ich gern in Kauf. Es waren wieder Tage wie im Märchenland; in der Geborgenheit meines Elternhauses suchte und fand ich den Inbegriff meiner Träume - meine Heimat!

Ein wunderbarer Glücksfall in diesem Urlaub war das Wiedersehen mit meinem Bruder Franz. Durch seine Verwundung bei Charkow entging er dem Untergang der 6. Armee im Ringen um Stalingrad. Er wäre dabeigewesen wie seine Kameraden der 179. ID. Damals glaubten wir, daß es Glück im Unglück war; doch wer weiß, vielleicht hätte er Stalingrad überlebt und damit vielleicht auch den Krieg. Doch es kam anders...

Zunächst jedoch zurück zu diesem Urlaub im Frühjahr 1943. Mein Bruder wurde aufgrund seiner Verwundung Anfang 1943 zur Genesungsbatterie einer Ersatzabteilung vom Lazarett Leslau/Polen nach Diedenhofen verlegt. So ließ es sich arrangieren, daß er seinen Genesungsurlaub mit meinem Urlaub koordinieren konnte.

Es waren sehr schöne gemeinsame Urlaubstage, und ich war froh für meinen Bruder. Er hatte schon wesentlich mehr in diesem Kriege mitgemacht als ich: Frankreichfeldzug, Einsatz auf dem Balkan, Rußland von Anfang an und nun sogar noch verwundet beim Kampf um Charkow! Ich ahnte nicht, daß es in diesen schönen Maitagen des Jahres 1943 das letzte Wiedersehen gewesen sein sollte.

Darüberhinaus gab es natürlich ein frohes Wiedersehen mit einigen netten Mädchen aus Koblenz, die mich noch nicht vergessen hatten, und ganz besonders auch mit Waltraud auf dem Märchenschloß in Luxemburg. Nun, ich fühlte mich noch nicht unbedingt im heiratsfähigen Alter mit 22 Jahren und dachte auch nicht daran, in diesen unbeständigen Kriegsjahren eine feste Bindung einzugehen.

Wieder einmal war sie vorbei, die schöne Zeit im Monat Mai. Ich kehrte zurück zu meiner Einheit, die sich immer noch im alten Frontabschnitt Lobno befand. Bis zum Herbst 1943 hielten wir die Stellung in dieser Sumpfgegend.

Anfang August merkte ich, daß mit meinem Körper irgendetwas nicht in Ordnung war. Überall traten eitrige Stellen auf, so daß man mich wohl oder übel zum Feldlazarett überweisen mußte. Wie man mir sagte, waren es noch Nachwehen nicht ausgeheilter Frostbeulen aus dem eisigen Winter 1941/42. So hat man mich zunächst einmal eingesalbt und eingewickelt wie ein Baby und eiserne Bettruhe verschrieben. Die ersten zwei Tage waren scheußlich, aber die Behandlung war wirkungsvoll und erfolgreich. Die eiternden Geschwüre klangen von Tag zu Tag mehr ab.

Es war auszuhalten in dieser Rehabilitations-Etappe, die Unterkünfte waren Holzbaracken, behaglich eingerichtet mit Doppelbetten und vor allem trocken und nicht feucht wie in unseren Erdbunkern. Ganz in der Nähe, kaum 50 Meter entfernt, befand sich ein großer stiller See. Eine Oase der Ruhe und Beschaulichkeit mitten in dieser Trostlosigkeit eines erbarmungslosen Krieges.

In diesem Feldlazarett waren neben deutschem Ärzte- und Betreuungspersonal auch russische Hilfskräfte eingesetzt. So wurde ich unter anderem auch von einer jungen russischen Studentin betreut, die sehr gut Deutsch sprach und der ich schon in den ersten Tagen freundschaftlich näherkam.

Ich mußte dieses Mädchen bewundern, sie verteidigte ihr Vaterland ohne „Wenn und Aber", verurteilte den deutschen Überfall, kritisierte aber auch die eigene Führung unter Stalin. Sie war nicht politisch fanatisch und versah ihre Samariterdienste an deutschen Verwundeten und Kranken verantwortungsbewußt im Sinne der Menschlichkeit.

Nachdem ich wieder bewegungsfähig war, haben wir in der Freizeit öfters gemeinsame Bootsfahrten auf dem See unternommen und - sie waren schön, romantisch und heute noch einer Erinnerung wert! In einem Brief an meine Eltern vom 5. September 1943 schwärmte ich von diesen Bootsfahrten in abendlicher Stille, wenn die Sonne im glühenden Abendrot versank.

Ja, dort, wo die Sonne im Westen unterging, dorthin wanderten meine Gedanken, Hoffnungen und Träume!

Fast zwei Monate verbrachte ich in diesem Feldlazarett. Bei meiner Einheit wurde man schon ungeduldig, und der Stab rief nun fast täglich an, denn man benötigte mich dringend auf der Schreibstube und der Zahlmeisterei wegen Urlaubsvertretung. Obwohl ich noch nicht ganz wiederhergestellt war, drängte ich auf Entlassung. Doch aus der Urlaubsvertretung beim Stab wurde nichts. Als hätte sie nur auf mich gewartet, begann die große Schlacht um Newel; wir schrieben den 6. Oktober 1943. Aus allen Kalibern überschüttete uns die russische Artillerie mit einem Trommelfeuer, daß uns Hören und Sehen verging. Dem folgten Panzer- und Infanterieangriffe, die wirkungsvoll aus der Luft von Schlachtfliegern unterstützt wurden.

Inzwischen gehörten wir nicht mehr zur Heeresgruppe Mitte, sondern waren seit Mitte September dem AOK 16 der Heeresgruppe Nord unterstellt.

Unsere Verbände konnten den massiv vorgetragenen Angriffen trotz heldenhafter Gegenwehr nicht widerstehen, und es kam zu breiten Einbrüchen in unserem Frontabschnitt. Newel mußte schon bald aufgegeben werden. Trotz Aufbietung aller zur Verfügung stehenden Kampfkräfte - von Reserven konnte ja keine Rede mehr sein - konnte der Einbruch nicht mehr bereinigt werden. Durch ein von Hitler persönlich befohlenes Kriegsgericht wurden die verantwortlichen Kommandeure abgelöst und in Strafeinheiten versetzt.

Nach diesen verlustreichen Rückzugskämpfen und der Preisgabe strategisch wichtiger Stützpunkte wurde es wieder ruhiger in unserem Frontabschnitt. So blieb es auch Gott sei Dank bis Weihnachten und noch eine Zeitlang darüberhinaus. Im Rahmen der „Truppenbetreuung und moralischen Aufwertung“ holte man mich zum Regimentsgefechtsstand zurück, um einen bunten Weihnachtsabend zu arrangieren. Es wurde ein gelungener Abend; angefangen von unserem „Sonntägle“, der inzwischen als Oberstleutnant Regimentskommandeur geworden war, brachte ich in Versform von allen Offizieren und Kameraden des Nachrichtenzuges unseres Stabes in einer Art Bierzeitung eine Rundschau „persönlicher Aspekte“. Es waren an die 50 Verse, die ich zusammengeschmiedet hatte, doch es hat nicht nur mir, sondern auch allen, die dabei waren, Freude gemacht.

Ein unruhiges Frühjahr 1944

Der Januar 1944 stand wieder ganz im Zeichen heftiger Abwehrkämpfe. Die Front bei Newel mußte weiter zurückgenommen werden, um Einbrüchen des Feindes zuvorzukommen. Unter Aufbietung aller zur Verfügung stehenden Kräfte gelang es letztendlich immer wieder, daß die russischen Angriffe abgeschlagen werden konnten.

Doch der „Iwan" ließ nicht locker. Wir waren wieder laufend unterwegs; überall, wo es brannte, wurde unsere Division eingesetzt, so bei Idritza und am Swiblo-See. Die ersten Märztage sollten für unsere Division wieder einmal zu einer harten Bewährungsprobe werden. Wir hatten kaum unsere neuen Stellungen bezogen - zum Glück fanden wir einigermaßen ausgebaute Bunker vor -, als der Zauber auch schon losging.

Es begann mit dem Einschießen der russischen Artillerie und Störungsfeuer mit breiter Streuung auf dem gesamten Kampfabschnitt. Sogar russische Kampfflieger mit Bomben und Bordwaffen bekämpften unsere Stellungen und das rückwärtige Gebiet. Für uns war klar, daß ein Großangriff bevorstand, was auch unsere Aufklärung sehr bald festgestellt hatte.

Wir hatten unsere Funkstelle in einem 2-Mann-Bunker - es war mehr ein abgedecktes Erdloch - untergebracht, gerade Platz für die Funkgeräte und daß man sich ausstrecken konnte. Gegen Abend ließ der Beschuß etwas nach, so daß wir wenigstens abwechselnd schlafen konnten. Es war fast Punkt 5 Uhr früh morgens, als wir unsanft durch einen dröhnenden Einschlag, nur einige Meter von unserer Unterkunft entfernt, geweckt wurden. Gleichzeitig flogen Erdbrocken in unseren Raum, die Funkgeräte kippten um, und schlagartig setzte ein Trommelfeuer ein - ein Höllenlärm von einschlagenden Geschossen und splitterndem Holz.

Ausgerechnet jetzt lag unsere Funkstelle ca. 300 Meter vom Abteilungsgefechtsstand entfernt. Wir mußten dorthin, koste es, was es wolle, denn unsere Fernsprechverbindung war längst zerschossen. Ich versuchte, schnell noch einmal Verbindung mit dem Regimentsgefechtsstand zu bekommen, was mir auch gelang; die Geräte waren Gott sei Dank unversehrt geblieben. Ich gab ein paarmal den Abkürzungstext von „Wir bauen ab“ und „Stellungswechsel“ durch, wir packten Geräte und unser bißchen Gepäck zusammen und warteten auf eine Feuerpause.

Werner Basters, ein junger Bursche, war mir als zweiter Funker und Gehilfe zugeteilt. Er war noch nicht solange an der Ostfront und hatte bis jetzt auch noch kaum Fronterfahrung. Ich hatte deshalb auch Verständnis für seine Erregung und auch seine Angst, als ich ihm klar machte, daß wir „durchmüßten“. Wir haben über eine halbe Stunde gebraucht; immer wieder mußten wir in Deckung gehen, bis wir endlich mehr kriechend als laufend den Abteilungsgefechtsstand erreichten. Doch wir hatten es geschafft!

Dort warteten der Abteilungskommandeur und seine Offiziere schon ungeduldig auf uns; denn es war klar, daß bei diesem massierten Trommelfeuer keine Fernsprechleitung mehr heil war. Es hatte schon einige Tote und Verwundete unter unseren Nachrichtenleuten bei den Versuchen gegeben, die Leitungen wieder herzustellen. Es blieb also nur noch Funk, und wir bauten in Eile unsere Geräte auf. Das Schwierigste war das Anbringen der Antenne in einer bestimmten Höhe, da sonst keine Verbindungen möglich waren. Die Luft war an diesem Morgen nun einmal sehr „eisenhaltig“.

Doch wir hatten es in kürzester Zeit geschafft, und meine Gegenstelle meldete sich auch prompt. Als Zeichen der Einsatzbereitschaft hob ich nur die Hand, Kommandeur und Adjutant atmeten erleichtert auf, und schon bekam ich die ersten Texte, die ich wie immer in solchen heißen Phasen unverschlüsselt durchtastete. Ebenso empfing ich im Klartext die Befehle und Meldungen des Regimentsgefechtsstandes. Laufend forderte ich dringend Feuerunterstützung durch die übrigen Batterien der Abteilungen an, um die russische Artillerie zum Schweigen zu bringen. Außerdem wurden Infanterie- und Panzerverbände gemeldet.

Es war ein heißer und hektischer Morgen und noch kein Ende abzusehen. In meinem jungen Kameraden hatte ich keine große Hilfe, er war deprimiert und sprach immer wieder von seiner Mutter, an die er jetzt oft denken mußte, beständig mit dem Schlußsatz: „Ich meine, heute würde mir noch etwas passieren"! Ich versuchte natürlich, ihn zu beruhigen, soweit ich Zeit dazu hatte. In einer der seltenen Feuerpausen bat er mich dann, ob er einmal nebenan in den Fernsprechbunker gehen könnte, um etwas zu essen. Ich sagte, das könnte er doch auch hier tun; er ließ sich jedoch nicht davon abbringen, und so ließ ich ihn letzten Endes gehen, viel helfen konnte er mir ja doch nicht.

Er war vielleicht fünf Minuten weg - es können auch zehn gewesen sein -, als wieder ein orkanartiger Feuerüberfall losbrach; es prasselte nur so von einschlagenden Granaten in unser Waldgelände. Dann - zwei, drei harte Einschläge - unser Bunker bebte und ächzte, wir hielten alle den Atem an, doch unser Bunker hielt stand. Es konnte jedoch nicht anders sein, die Einschläge waren nur ein paar Meter von uns weg: zwei Volltreffer auf den Nachbarbunker, in den mein Kamerad Werner Basters zum Frühstück gegangen war. Seine Vorahnung hatte sich leider bestätigt.

Doch er hatte noch Glück im Unglück. Unter den Toten und Verwundeten trug er eine, wenn auch nicht leichte, so doch keine lebensgefährliche Verletzung davon. Für mich ging der Kampf weiter, nun gänzlich ohne Gehilfen. Die Feuerüberfälle hörten nicht auf; kein Wunder, daß mir laufend durch die Granatsplitter die Drahtantenne zerfetzt wurde. Es blieb mir nichts anderes übrig, als immer wieder aus dem Bunker raus und auf einen Baum zu klettern, um die Drahtantenne neu zu befestigen. Der Gefechtsstand war ja nur noch auf meine Funkverbindung angewiesen, und die Offiziere des Gefechtsstandes drückten mir nicht nur einmal an diesem Tag die Hand.

Ich darf an dieser Stelle vielleicht auch einmal sagen, daß ich ein guter Funker war und in den vier Kriegsjahren in Rußland immer wieder von den Offizieren der 1. Abteilung angefordert wurde. So wurde ich auch immer nur dort eingesetzt, wenn ich nicht für besondere Aufgaben zum Regimentsstab zurückgeholt wurde. Auf besondere Initiative des Kommandeurs der 1. Abteilung des AR 263 wurde mir für diesen Einsatz das EK (Eiserne Kreuz) verliehen.

Im Wehrmachtsbericht vom 5. März 1944 hieß es, daß sich die Pfälzisch-Rheinische-Infanteriedivision 263 bei den schweren Abwehrkämpfen im Nordabschnitt der Ostfront besonders ausgezeichnet hätte. Es war eine Bestätigung dafür, daß es harte, erbitterte und leider auch verlustreiche Kämpfe waren. Über fünfzigtausend Sowjetsoldaten waren, wie wir später hörten, zum Gegenangriff angetreten.Wir konnten uns behaupten, und so warteten wieder einige ruhigere Wochen auf uns, und auch die Hoffnung auf einen dann wieder möglichen Heimaturlaub.

Der letzte Heimaturlaub 1944

So hatte ich das große Glück, nochmals im April 1944 in Urlaub zu fahren; es sollte der letzte während des Krieges sein. Die Freude war natürlich wieder unbeschreiblich, nach über einem Jahr harter Kämpfe und Entbehrungen die Heimat und die Lieben daheim wiederzusehen.

Doch welch ein Unterschied zu meinem ersten Heimaturlaub und auch noch den folgenden danach! Allein schon die Fahrt von der Front bis an die alte Reichsgrenze war von feindlichen Fliegerangriffen sehr stark betroffen. Die Heimat selbst war gezeichnet von Bombenangriffen; es war nicht mehr die alte Heimat mit blühenden Städten und Dörfern. Ruinen und Bombentrichter hatten das Bild des Krieges nun auch weit hinter den Fronten geprägt, Luftangriffe den totalen Krieg ins Heimatland hineingetragen.

Dieser letzte Kriegsurlaub im Frühjahr 1944 sollte schicksalsbestimmend für mich persönlich sein, aber auch bestimmend für meine weitere Einstellung zu diesem Krieg. Immer noch Hoffnung auf einen Sieg? - Nein, diese hatte ich seit Stalingrad nicht mehr. Es war mir klar, daß dieser Krieg längst verloren war. Zu dieser frühen Erkenntnis und meiner Skepsis gegenüber Hitler und seinem 3. Reich hat wesentlich der Einfluß meines Vaters beigetragen.

Ich fühle mich verpflichtet, an dieser Stelle meines verehrten Vaters in Hochachtung zu gedenken, der schon seit der sogenannten Machtübernahme 1933 durch Adolf Hitler ein erklärter Gegner dieses Nazi-Regimes war. Er machte daraus auch kein Hehl, es folgten harte Auseinandersetzungen mit den örtlichen Parteiorganen, er wurde sogar vor ein Parteigericht zitiert; und es wundert mich heute noch, daß er nicht in einem KZ gelandet ist.

Ich selbst hatte durch diese „politische Unzuverlässigkeit" meines Vaters - so hatte man ihn eingestuft - berufliche

Nachteile. Eine bereits zugesagte Stelle bei einer Behörde wurde mir abgesagt wegen der politischen Einstellung meines Vaters.

Im Zuge der späteren sogenannten, „Entnazifizierung" wollten ja so viele - und die meisten Betroffenen - schon immer dagegen gewesen sein. Von solch einer Heuchelei konnte ich nur das „Kotzen" kriegen, waren es doch gerade diejenigen, die mit Dreck am Stecken wieder versuchten, in führende Positionen zu kommen.

Ich bewundere noch heute den Mut meines Vaters in dieser Zeit, als er unerschrocken der Diktatur der NSDAP seinen persönlichen Widerstand entgegensetzte. Ich besitze noch viele Originaldokumente aus den Jahren vor dem Krieg und auch während des Krieges, aus denen hervorgeht, wie schwer meine Eltern in dieser Zeit gelitten haben.

Darüberhinaus bewundere ich noch heute die „seherische Vorausschau" meines Vaters. Bereits im Frühjahr 1941 als ich zur Feldeinheit nach Polen versetzt wurde, sagte er ganz klar voraus (ich zitierte es bereits): „In spätestens drei Monaten haben wir Krieg mit Rußland, und du bist dabei!" Er behielt recht. Er sagte auch bereits damals, daß wir diesen Krieg nie gewinnen würden, und gab mir Ratschläge, die verdammt nicht schlecht waren. Er sagte auch, daß es mein letzter Kriegsurlaub war, dieser Urlaub 1944, und er hatte auch damit recht.

Man kann sich vorstellen, daß ich sehr nachdenklich, grüblerisch und auch deprimiert an die Front zurückkehrte. Es folgte der 20. Juli 1944 (Attentat auf Hitler), der mich vollends von der Voraussage meines Vaters überzeugte.

Doch es gab ein Ereignis in diesem letzten Kriegsurlaub, das mich trotz aller düsteren Vorahnungen froh und zuversichtlich an die Front zurückkehren ließ: Ich hatte meine Brieffreundin Ruth nun auch persönlich kennengelernt, ein attraktives und zugleich auch intelligentes Mädchen, wohnhaft in der Kurstadt Wiesbaden und bei der damaligen Deutschen Reichspost beschäftigt als Assistentin.

Wir haben uns nichts versprochen in diesem letzten Kriegsurlaub 1944, doch es war ein stilles, geheimes Hoffen wohl in uns beiden, das Hoffen auf ein Wiedersehen und auf einen gemeinsamen Lebensweg. Wir wurden auf eine harte Probe gestellt: Mehr als fünf Jahre sollten vergehen, fünf Jahre der Trennung und auch der Bewährung. Wir schienen doch irgendwie füreinander bestimmt gewesen zu sein, meine ehemalige Brieffreundin wartete auf mich. Ich kam im September 1949 zurück, ein wunderbares Wiedersehen, und im Juli 1950 läuteten die Hochzeitsglocken.

Der Krieg war leider noch nicht zu Ende, aber es war der letzte Heimaturlaub während des Krieges, und es sollten über fünf lange und bittere Jahre vergehen, bis ich die Heimat wiedersehen durfte. Ich glaube, es war gut so, daß ich dies damals noch nicht wußte, als ich wieder an die Front zurückkehrte.

Die nachfolgende „Abendträumerei" stammt zwar schon aus dem ersten Kriegsgefangenen-Jahr 1945 in Riga, ich möchte sie jedoch bereits an dieser Stelle bringen, weil sie die tiefe und ergreifende Erinnerung an diese unvergeßlichen Urlaubstage im April 1944 widerspiegelt.

Es war, als die Narzissen blühten-...

Abendträumerei

So feierlich ist´s um mich her,
Wenn Abendfrieden mich hüllt ein,
Kein Hasten und kein Eilen mehr,
Der Tag versinkt im Abendschein !

Wie wohl sie mich umfängt
Die Stille in der Einsamkeit,
Die meine Sinne heimwärts lenkt,
Zurück in längst entschwundne Zeit !

Und die Gedanken wandern fort,
Wie schon so oft ganz still und leis,
Sie weilen ferne, weilen dort,
Dort, wo ich meine Liebste weiß !

Dort finden sie dann Rast und Ruh
Vergessend fremden Raum und Zeit,
Und meine Welt bist dann nur Du,
Die Sonne meiner Einsamkeit !

Ja, die Gedanken malen mir
Dein Bild so deutlich und so klar,
Ich bin nicht fern, ich bin bei Dir
Und seh´ Dein leuchtend Augenpaar !

Ja, diese Augen rein und klar,
Die liebevoll mich angeschaut,
Und alles das, was einmal war,
Wird übermächtig in mir laut !

Noch klingen mir die Worte nach,
Und voller Sehnsucht war Dein Blick,
Die Worte, die Dein Mund dann sprach:
Auf Wiederseh´n und komm zurück !

(Riga 1945)

Der Ring schließt sich

Am 27. April 1944 kehrte ich zu meiner Einheit zurück, und ich konnte feststellen, daß sich keine wesentlichen Veränderungen ergeben hatten und der Stellungskrieg westlich von Poddatscha wie bisher seinen Fortgang nahm. Zunächst hielt man mich noch für einige Tage auf dem Regimentsgefechtsstand fest, denn dort hatte man ja immer Verwendung für mich. Dann jedoch kam ich wieder zur 1. Abteilung, wo ich Jupp Engels ablöste, der nun auch in Urlaub fahren konnte.

Bis Anfang Juli konnten wir unsere Stellungen behaupten, doch dann standen uns wieder schwere Wochen und Monate bevor. Die Wucht eines massierten russischen Großangriffes traf die Heeresgruppe Mitte wie noch nie zuvor während des ganzen Krieges. Nicht Divisionen, sondern ganze Armeen, unterstützt von konzentriertem Artillerieeinsatz und überlegenen Luftstreitkräften, überrannten unsere Stellungen. Nur durch geschickte nächtliche Absetzbewegungen konnte sich unsere Division aus den Stellungen lösen und sich durch den teilweise bereits im Rücken befindlichen Gegner durchschlagen.

Am 11. Juli 1944 setzte sich unsere Division von den bisherigen Stellungen ab, und es waren harte und bewegte Rückzugskämpfe zu bestehen, ähnlich wie im Winter 1941/42, diesmal jedoch ohne die Kälte, dafür aber bei glühender Hitze. Lange Märsche mit wenig Schlaf und wenig Ruhepausen, dazu bei jedem Marschziel oder auch zwischendurch Funkgeräte aufbauen, denn es gab ja nur Funkverbindung mit den übrigen Einheiten unseres Regiments.

Bei dem ständig wechselnden Frontverlauf wußten wir oft nicht, wo wir waren, so verworren war die Lage. Die Nacht vom 11. zum 12. August 1944 werde ich nie in meinem Leben vergessen, sie war für uns die abenteuerlichste in diesem Krieg, da wir für volle 12 Stunden einfach verschollen waren: Wir, das waren der Stab der 1. Abteilung und mein Funktrupp. Wir waren plötzlich abgeschnitten, wußten nicht mehr, wo Freund und Feind war; wir irrten durch die dunkle Nacht, quer durch die Wälder, jederzeit gewärtig, daß wir auf feindliche Spähtrupps oder sogar direkt auf die feindlichen Stellungen stießen.

Es hätte nicht viel gefehlt, dann wäre es soweit gewesen, denn wir marschierten genau in der falschen Richtung. Ein Stabsoffizier hatte durch seinen Kompaß gerade noch rechtzeitig diesen Irrtum feststellen können. Der Morgen graute, und wir schleppten uns immer noch weiter, total erschöpft, durch unbekanntes Waldgelände. Gegen Mittag entdeckten wir notdürftige Feldstellungen und direkt auf uns gerichtete Maschinengewehrläufe. Wir wußten zunächst nicht, ob es die russische oder unsere eigene HKL war. Wir hatten Glück: Es war deutsche Infanterie, die uns auf dem Rückzug überholt hatte, als wir im sogenannten Niemandsland, also zwischen den Fronten, umhergeirrt waren..

Wir bauten sofort unser Funkgerät auf, und ich konnte das „Himmelfahrtskommando" wieder glücklich zurückmelden. Unsere Vermißten-Anzeige war schon bei allen Abteilungen und Stäben unseres Regiments bekanntgeworden, und man hatte uns schon fast aufgegeben. So freuten sich alle mit uns, daß wir wieder mit heiler Haut davongekommen waren.
Meine eigene Haut war allerdings nicht mehr überall heil: Ich hatte mir in diesem letzten zwölfstündigen Marsch die Füße dermaßen wund gelaufen, daß das Blut regelrecht in den Stiefeln stand. In den letzten Stunden konnte ich nur noch humpeln und mir mit zusammengebissenen Zähnen Schritt für Schritt selbst abringen. Wir hatten weder Pferde noch Wagen, und so gab es nur zwei Möglichkeiten: Durchhalten oder Liegenbleiben!

Mit äußerster Kraft - und Willensanstrengung habe ich diese Herausforderung letzten Endes geschafft. Doch dann, als wir die deutschen Linien erreicht hatten, war ich mit meinen Kräften und auch mit meiner Selbstbeherrschung zu Ende. Das letzte Stück zu den neuen Stellungen mußte ich getragen werden. Von dort wurde ich mit einem motorisierten Fahrzeug zum Regimentsgefechtsstand zurücktransportiert, damit ich mich dort auskurieren konnte.

Der Stabsarzt wollte mich in das Feldlazarett überweisen, doch dies war auch ständig nach rückwärts auf Achse, so daß ich es vorzog, bei meinem „Haufen" zu bleiben und bei der Funkstelle auszuhelfen, so gut es ging. Zuerst jedoch habe ich mich einmal richtig ausgeschlafen. Achtzehn Stunden an einem Stück zu schlafen, das war ein Rekord, den ich niemals mehr erreicht habe.

Vor dieser russischen Großoffensive hatten die Amerikaner und Engländer die Invasion in der Normandie am 6. Juni 1944 gestartet. Diese Nachricht stärkte ganz bestimmt nicht den Kampfgeist und die Moral der Ostfronttruppen. Doch was blieb uns anderes übrig, als weiter mitzumachen und auszuharren.

Hinzu kam das Attentat auf Hitler am 20. Juli. Wir hörten davon, als wir mitten in diese verlustreichen Rückzugskämpfe verwickelt waren. Jedem realistisch denkenden Landser wurde es spätestens aufgrund dieser Ereignisse klar, daß dieser Krieg nur noch mit einem Chaos für unser Volk enden würde. Wörtlich sagte ich zu einem vertrauten Kriegskameraden: „Denjenigen, die man jetzt anläßlich des 20. Juli gehenkt hat, wird man später einmal ein Denkmal setzen"! Wie recht ich damals hatte!

Die Rückzugskämpfe gingen weiter in den Raum Rositten über Modohn, das nicht mehr zu halten war und am 12. Aug. aufgegeben werden mußte. Wir wurden immer mehr in den nördlichen Kampfabschnitt der Ostfront abgedrängt, und wir befanden uns plötzlich nicht mehr in Rußland, sondern in Lettland. Das war ein Unterschied wie Tag und Nacht: saubere Häuser mit schönen Vorgärten, Anlagen, bessere Wegeverhältnisse; kurzum, es war eine ganz andere Kultur, die uns in Lettland empfing. Aber es war Krieg, und es blieb uns keine Zeit zum Träumen.

Der Russe war mit massierten Kräften an Riga vorbeigestoßen, so daß Anfang Oktober nur noch an Rückzug zu denken war. Dadurch konnte jedoch nicht verhindert werden, daß der Gegner weiter nach Litauen vordrang und uns so die Abschnürung und Einkesselung drohte. Die Abwehrerfolge unserer 263. ID fanden im Wehrmachtsbericht erneut Erwähnung und Anerkennung.

Ja, Lettland, ein Land, wo Milch und Honig fließt! Doch leider habe ich noch nie so viele Flöhe erlebt - es waren in der Hauptsache Sandflöhe -, die mich fast wahnsinnig machten. Sie fanden mich, wo ich ging und stand, sie piekten mich, und dann gabs Schwellungen und Blasen mit eitrigen Entzündungen, so daß ich nur noch in Pantoffeln herumhumpelte. Ein Glück, daß ich bei den Absetzbewegungen mit einem LKW fahren konnte! Nun, auch diese Plage ging vorbei, nachdem ich ein gutes Gegenmittel von unserem Stabsarzt gegen die Flöhe erhalten hatte.

Trotz verzweifelter Gegenwehr konnten es unsere schon stark dezimierten Kampfverbände nicht mehr verhindern, daß wir im Süden und Westen von den anderen Heeresgruppen bereits abgeriegelt waren, und im Norden war die Ostsee. So saßen wir also hoffnungslos in der Falle.

Abwehrschlachten in Kurland 1944/45

Es gelang zwar nochmals, für kurze Zeit die Einkesselung aufzubrechen. Um diese Öffnung aber zu halten, wurde die Division, das heißt, die noch übrig gebliebenen Reste der 263. ID, schnellstens im Eisenbahntransport in den Raum Mitau befördert. Ab Mitte Oktober festigten sich die weit zurückgenommenen deutschen Stellungen, obwohl die Russen weiterhin mit starken Kampfverbänden von Litauen aus versuchten, unsere Heeresgruppe Nord von den lettischen Ostseehäfen Libau und Windau zu trennen. Die erste Kurlandschlacht war entbrannt, die zweite folgte nur circa 10 Tage später. Dabei geriet ein ganzes Bataillon unserer Division in Gefangenschaft.

Die Truppenstärke, hauptsächlich die der Infanteriebataillone, war so dezimiert, daß zunächst einmal aufgefüllt werden mußte. Danach gabs mal wieder Stellungswechsel in den Raum südostwärts Prekuln. Der Divisionsgefechtsstand befand sich in Kalvene. Hier ging das Buddeln und Bauen wieder los; neue Stellungen und Bunker wurden gebaut; eher mißmutig gingen wir an die Arbeit, weil wir annahmen, daß unser Bleiben doch nur von kurzer Dauer sein würde. Doch es wurde länger, als wir dachten; daran änderte auch die dritte Kurlandschlacht nichts, die Mitte Dezember auf breitester Front um Frauenburg begann.

Trotz unserer prekären und isolierten Lage erhielten wir immer noch Post aus der Heimat, wenn auch schon sehr unregelmäßig. Der See- und auch der Luftweg standen uns ja noch bedingt zur Verfügung. Ermutigend waren diese Briefe allerdings längst nicht mehr. Die durch die Invasion geschaffene zweite Front im Westen rückte immer näher auf den Rhein zu. Mein Vater schrieb mir, daß bereits Panzersperren vorbereitet würden und schon zum „Volkssturm“ aufgerufen wurde, wozu auch er eine Aufforderung erhalten hatte. Wer hätte das gedacht!

Hinzu kam die Hiobsbotschaft und endgültige Gewißheit, daß mein Bruder Franz nun offiziell als vermißt gemeldet wurde. Vom Kuban - Brückenkopf über die Krim bis nach Rumänien hatte sich seine Division kämpfend zurückziehen müssen. Bei Jassy wurde diese nach Stalingrad neu aufgestellte 6. Armee zum zweiten Male vernichtet. Die Post kam zurück mit der lapidaren Anmerkung: „Einheit aufgelöst“! Für meine Eltern war es ein schwerer Schlag, zumal wenig Anlaß zu der Hoffnung gegeben war, daß mein Bruder vielleicht in Gefangenschaft geraten sei. Die wenigen Soldaten, die dieser Tragödie des Zusammenbruchs in Rumänien entrinnen konnten, waren ehrlich genug, die Wahrheit nicht zu verschweigen.

Trotz der bisherigen drei Kurlandschlachten war es den überlegenen russischen Kampfeinheiten und -verbänden nicht gelungen, die Heeresgruppe Nord zu vernichten, die im weiteren Verlauf in Heeresgruppe „Kurland“ umbenannt wurde. Ein Ärmelstreifen mit der Aufschrift „Kurland“ wurde als besondere Auszeichnung verliehen.

Unser diesmaliger Bunkerbau hatte sich also doch gelohnt, da wir auch noch weit über das Weihnachtsfest hinaus diese Stellung behaupten konnten. Auch die vierte Kurlandschlacht, die am 24. Januar 1945 begann, konnte uns nicht kleinkriegen.

Ich selbst befand mich immer noch auf dem Regimentsgefechtsstand aufgrund meiner eitrigen Füße, die aber inzwischen wieder ausgeheilt waren. Meine neueste Aufgabe zwischen den Schlachten war es, junge Funker, die mit gänzlich unzureichender Ausbildung zu uns gekommen waren, für den Fronteinsatz weiter auszubilden und vorzubereiten.

Ansonsten wurde die Zeit gut ausgenützt zur Verbesserung der Stellungen und Stützpunkte. Es gab ja nur noch zwei Möglichkeiten: entweder die Stellungen zu halten oder zu kapitulieren. Die einzige Verbindung mit Deutschland waren nur noch die kleinen Häfen Windau und Libau, über die wir mit Nachschub und Verpflegung versorgt wurden. Wir hatten immer noch die Hoffnung, vielleicht per Schiff aus der Mausefalle herauszukommen. Ein solcher Versuch hätte aber auch sehr verlustreich werden können, da die russischen Schlachtflieger die in den Häfen liegenden Geleitzüge in laufendem Einsatz unter Feuer nahmen. Wenn wir auf die Landkarte schauten, konnte einem richtig schwindlig werden: Die Russen waren schon weit ins „Deutsche Reich" vorgestoßen, während wir noch immer wie eine Enklave im Baltikum lagen.

Trotz dieser trostlosen Lage und auch der Verknappung der Verpflegung - es gab schon sehr viel Pferdefleisch - war die Moral der Soldaten als „gut" zu bezeichnen. Wir wuchsen mehr und mehr zu einer Art Trotz- und Schicksalsgemeinschaft zusammen. Dem „Iwan" waren wir zwar ein Dorn im Auge und so kam es am 20. Februar zur fünften Kurlandschlacht mit Schwerpunkt Prekuln und Frauenburg. Hier kam auch uns einmal das einsetzende Tauwetter Anfang März als Verbündeter zu Hilfe, und starke Regenfälle beeinträchtigten die russischen Angriffe so sehr, daß sie zum Stillstand kamen. Wiederum hatten wir es geschafft und unsere Stellungen erfolgreich verteidigt.

Doch wir konnten uns nicht lange auf den Lorbeeren ausruhen, denn bereits am 18. März versuchte der Russe erneut, bei Frauenburg mit einem infernalischen Feuerschlag in unsere Stellungen einzubrechen. Die sechste Kurlandschlacht hatte begonnen. Der Russe biß sich auch diesmal die Zähne an uns aus. Unsere, wenn auch noch so zusammengeschrumpften Kampfeinheiten leisteten heldenhaften Widerstand. Wir gingen sogar zum Gegenangriff über, wobei über fünfhundert Gefangene gemacht, über zweihundertfünfzig Panzer und sonstige schwere und leichte Waffen vernichtet oder erbeutet wurden. So gelang es bereits nach einigen Tagen, die Angriffswucht des Gegners zu brechen.

Es war die letzte größere Kampfhandlung an der Kurlandfront. Der Russe machte keine größeren Anstrengungen mehr, das „Kurland-Ei“ zu knacken; letzten Endes saßen wir ja sicher in der Mausefalle drin. Wir waren längst über unsere aussichtslose Lage im klaren, unsere Widerstandskraft wurde jedoch immer wieder angespornt durch die Ungewißheit einer russischen Gefangenschaft und auch der noch bis zum 5. Mai möglichen Hoffnung und auch Planung auf eine Rückführung aller Kurlandtruppen auf dem Seeweg.

Unsere Division hatte das seltene Glück, daß sie, besonders in den beiden letzten Kurlandschlachten, nur teilweise in die Kämpfe eingreifen mußte. So waren auch die Ausfälle an Toten und Verwundeten verhältnismäßig gering. So unglaublich es uns selbst vorkam, es war aber trotzdem so, daß wir nun schon über ein halbes Jahr seßhaft waren. Die Nachrichten aus der Heimat wurden allerdings immer spärlicher; Postempfang war nur noch Glückssache, und auch die Verpflegungsrationen wurden immer kleiner. So mußten immer mehr Pferde dran glauben. In den letzten Wochen ernährten wir uns schon größtenteils von den Erzeugnissen des Landes. Die lettische Bevölkerung war uns immer noch gut gesonnen und half uns, wo sie konnte.

Ich selbst wurde Anfang April nochmals, sozusagen zu einer Abschiedsvorstellung, zu meiner alten 1. Abteilung zur Übernahme der Regimentsfunkstelle abkommandiert. Dort gab es ein frohes Wiedersehen mit den alten Kameraden des Abteilungsstabes und auch den Offizieren.

Als zweiter Mann war mir ein junger Nachwuchs-Funker zugeteilt worden, der gerade der HJ (Hitlerjugend) entfleucht war und immer noch voller Überzeugung an den Endsieg glaubte. Vor den Toren Berlins, so meinte er, würde dieser Krieg für uns ein siegreiches Ende nehmen. Ich konnte es diesem Jungen nicht verübeln, schließlich war ich ja selbst einmal in seinem Alter - trotz mancher Vorurteile - der Nazi-Propaganda erlegen gewesen.

So endete mein Kriegseinsatz, wie ich ihn begonnen hatte: als Funker beim Stab der 1. Abteilung des Artillerieregiments 263.

Funkstelle im freien Gelände

Die Kapitulation

Es war nun wirklich soweit, das Ende dieses schrecklichen Krieges stand kurz bevor. Nachdem sich der „Führer und Oberbefehlshaber Adolf Hitler“ am 30. April 1945 der irdischen Verantwortung entzogen hatte, konnte es nur noch eine Frage von Tagen sein.

Großadmiral Dönitz übernahm den Oberbefehl über die gesamte deutsche Wehrmacht. Die wildesten Gerüchte kursierten durch die Kurlandtruppen: Abtransport der Truppen unter Zurücklassung von Material und Pferden über die Häfen Libau und Windau! Die Kriegsmarine soll bereits mit entsprechenden Transportschiffen unterwegs sein! Wir schöpften nochmals neue Hoffnung, doch noch aus diesem Loch herauszukommen und so der russischen Gefangenschaft zu entgehen.

Die Ereignisse überschlugen sich. Schon hieß es, daß an der Westfront ein Waffenstillstand vereinbart sei. Dadurch hoffte die neue Führung, den Rücken freizubekommen und die Ostfront zu stabilisieren. Man gab sogar die Parole aus, die westlichen Kriegsmächte würden nun gemeinsam mit uns gegen die Sowjetunion antreten. Eine irre Hoffnung, wie sich auch bald herausstellen sollte.

Wie turbulent und zerfahren die Situation war, ging aus einem Tagesbefehl des Oberbefehlshabers der Heeresgruppe Kurland hervor, in dem bekanntgegeben wurde, daß die Kämpfe im Westen zu Ende seien, der Krieg im Osten jedoch weiter gehe! Und im Anschluß daran: Die Heeresgruppe wird verladen und später an der Elbe eingesetzt!

Doch es kam wieder einmal ganz anders: Die Amerikaner stimmten diesem einseitigen Waffenstillstand nicht zu und forderten die bedingungslose Kapitulation an allen Fronten. Man drohte mit neuen massiven Luftangriffen auf die Städte und Dörfer des noch nicht besetzten deutschen Raumes.

Daraufhin wurden die Waffenstillstandsbedingungen am 5. Mai 1945 angenommen.

Trotz aller verständlichen Hektik unserer Führung in diesen Tagen blieben die Kurlandkämpfer gelassen und diszipliniert. Es gab keine Panik und keine wilde Flucht an die Ostsee zu den Häfen Windau und Libau. Es gab zwar eine organisierte Rückführung von Truppenteilen zu diesen Häfen, und alle verfügbaren Wasserfahrzeuge, die Schnell- und Räumboote, die Transportschiffe und selbst die Fischkutter nahmen soviele Soldaten an Bord, wie es nur möglich war.So konnten immerhin noch ca. dreißigtausend Kurlandsoldaten auf dem Seeweg entrinnen. Allerdings erreichten nicht alle die Heimathäfen.

Augenzeugen haben uns berichtet von dem tapferen Verhalten der Soldaten in den Häfen, die nicht mehr an Bord konnten, weil die Schiffe überfüllt waren. Es gab auch keine Panik, wenn Zurückweisungen erfolgen mußten. Sogar jüngere Soldaten gingen wieder von Bord, um Familienvätern, älteren Kameraden und Kranken den Vortritt zu lassen. Ein Beweis für die hohe ethische Moral der Kurlandkämpfer!

Noch etwas darf an dieser Stelle nicht unerwähnt bleiben: Die Armeeführer, Kommandeure von Divisionen und Regimentern, Offiziere und auch der Oberbefehlshaber der Heeresgruppe Kurland, Generaloberst Hilpert, sie alle blieben ausnahmslos bei ihren Truppen, bei ihren Soldaten. Manche hätten die Möglichkeit gehabt, über den Seeweg herauszukommen, doch das Band der Schicksalsgemeinschaft war stärker als der innere Schweinehund!

Für uns waren die Ereignisse in den Ostseehäfen nur von sekundärer Bedeutung, da wir die HKL zu halten hatten und die rückwärtigen Absetzbewegungen abschirmen sollten. Es wäre bitter für uns geworden, denn wir waren nun doch so allmählich am Ende unserer Kampfkraft und hätten weiteren Angriffen nicht mehr standgehalten.

Waffenstillstand herrschte nun im Westen seit dem 5. Mai; die Kapitulation für alle Streitkräfte war für den 9. Mai festgelegt worden. Damit war auch das Ende der tapferen Heeresgruppe Kurland gekommen. Die bedingungslose Kapitulation, die von dem Oberkommando unserer Heeresgruppe angeboten werden mußte, löste bei Soldaten und Offizieren tiefe Resignation, Depression und Verzweiflung aus. Der Krieg war zu Ende, doch wir konnten keine Freude darüber empfinden, weil uns die Ungewißheit der Zukunft zu sehr im Nacken saß. Darin sollten wir uns auch nicht getäuscht haben.

Unsere Armeeführer und Unterhändler versuchten, bei den Kapitulationsverhandlungen hartnäckig Sonderbedingungen für die Kurlandkämpfer herauszuholen. Es war vergebens, die zuständigen sowjetischen Befehlshaber hatten nur ein „Njet" (Nein) und die Forderung nach bedingungsloser Kapitulation entgegenzusetzen. So wurde bereits für den 8. Mai 1945 ab 14 Uhr Waffenruhe befohlen. Zum Zeichen sollten alle Gefechtsstände, Stützpunkte usw. mit weißen Tüchern gekennzeichnet werden.

Ich kann mich noch gut entsinnen an diesen 8. Mai, als ich den letzten Befehl unseres Divisionskommandeurs Generalleutnant Hemmann per Funk aufnotierte, in dem diese bedingungslose Kapitulation und die Niederlegung aller Waffen und die Feuereinstellung angeordnet wurde. Von dem Regimentsgefechtsstand erhielt ich die zusätzliche Anweisung, die Funkgeräte unversehrt in der derzeitigen Stellung zu belassen, die Verschlüsselungsunterlagen jedoch zu vernichten.

Für meinen „Hitlerjungen", wie ich ihn insgeheim nannte, war natürlich eine Welt zusammengebrochen; er konnte es nicht fassen, daß alles das vorbei sein sollte, an das er fest geglaubt hatte. Nun, uns allen erging es ja nicht viel anders, nur daß wir durch die langen Kriegsjahre schon etwas abgeklärter waren.

Obwohl erst der 9. Mai als offizieller Tag der Kapitulation vereinbart war, wurden wir am Spätnachmittag des 8. Mai von den vordersten Infanteriestellungen darüber informiert, daß bereits Sowjet-Soldaten mit Wodka und Zigaretten herübergekommen seien, um das Kriegsende mit uns zu feiern. Wir hörten bis zu unserem Bunker das mitunter grölende Palaver und waren froh, daß wir von diesen Besuchen zunächst verschont blieben. Wie wir später hörten, gab es an diesem Abend bereits die ersten Übergriffe und gewaltsames Wegnehmen von Uhren und sonstigen Wertgegenständen. Hier muß jedoch gesagt werden, daß solche Vorkommnisse von russischen Offizieren kategorisch unterbunden wurden. Das galt aber nur für den Anfang, wie sich später herausstellen sollte.

Entsprechend der mir gegebenen Anweisung marschierte ich im Morgengrauen des 9. Mai 1945 mit meinem jungen Kameraden, lediglich mit den notwendigsten eigenen Klamotten und dem Karabiner bepackt, zum Regimentsgefechtsstand. Mit einem Seufzer der Erleichterung warf ich meinen Karabiner, der mir jahrelang die Schulter und den Rücken gedrückt hatte, auf den bereits großen Haufen. Erleichterung im Augenblick, doch auch gleichzeitig kam mir - und so ging es allen meinen Kameraden - die Wehrlosigkeit ins Bewußtsein, die uns bevorstand.

Nachdem wir die Waffen niedergelegt hatten und alle Kameraden aus den Stellungen zurückgekehrt waren, hielt unser Regimentskommandeur Oberstleutnant von Sonntag eine letzte Abschiedsansprache. Wir sahen uns schweigend an, und ein jeder war mit seinen Gedanken allein; Hoffnung und Angst war in diesen Gedanken, denn niemand von uns glaubte, daß der vor uns liegende Weg schnell zurück in die Heimat führen würde.

Unmittelbar nach diesem letzten offiziellen Abschiedsappell nahte bereits das russische Übernahmekommando, und der Marsch in die Gefangenschaft begann. Wieder marschierten wir endlose Kilometer. Ich darf jedoch an dieser Stelle nicht verschweigen, daß die Kämpfer von Kurland, ganz gleich, in welcher Richtung sie in Gefangenschaft gingen, sich nicht als Besiegte fühlten, sondern erhobenen Hauptes im Geiste einer fest verschworenen Schicksalsgemeinschaft sogar singend durch die lettischen Städte und Dörfer marschierten.

Ich kann es nur bestätigen, es war wirklich so. Ich war selbst dabei, auch ich zog mit meiner Einheit, mit meinen Kameraden, singend durch die lettischen Orte. Wenn ich heute darüber nachdenke, dann muß ich eingestehen, daß es doch eine riskante Herausforderung an den russischen Sieger und Bewacher war; schließlich waren wir die Besiegten und nun wehrlos unseren Siegern ausgeliefert, denen wir verlustreiche Kämpfe geliefert hatten.

Es war uns klar, daß wir einer ungewissen Zukunft entgegenmarschierten. Für viele, die den Krieg nun glücklich überstanden hatten, war irgendwo in den weiten Gefilden der riesigen Sowjet-Union die letzte Station ihres Lebens.

Hinter Stacheldraht

Riga 1945 - 1947

Nach zwei Tagen Fußmarsch und einer Übernachtung unter freiem Himmel kamen wir in Vainode/Lettland an. Der Wahrheit zur Ehre muß ich berichten, daß wir von den Russen und dem Begleitpersonal zunächst sehr human behandelt wurden. Sie hatten immer noch Respekt vor den Kurlandkämpfern. Einige Versuche, „Uhri“ (Uhren) zu erhaschen, wurden sofort von den Offizieren unterbunden.

Doch so human sollte es nicht bleiben. In Vainode erfolgte sodann die erste General-Filzung. Ich wollte vor allen Dingen meine Uhr und ein Taschenmesser behalten. Das gelang mir auch, indem ich beides in den Stiefeln unter den Fußlappen verschwinden ließ. Dieser Trick hatte Erfolg. Ansonsten wurden wir gut erleichtert; was wir nicht schon unterwegs als Ballast abgeworfen hatten, kassierte nun das Filzkommando.

Wir wurden in Eisenbahnwaggons verfrachtet, und ab ging die Fahrt, für uns mit unbekanntem Ziel. Das große Rätselraten begann: Wohin?! Nun, wir hatten Glück; es ging Gott sei Dank nicht nach Sibirien, wir blieben in Lettland. In der Landeshauptstadt Riga war zunächst Endstation. Ein großes Gefangenenlager war bereits vorbereitet - es war das Hauptlager Riga am Kaiserwald. Wir marschierten durch das Tor und waren damit erstmalig hinter Stacheldraht und Wachttürmen.

Über zwanzigtausend deutsche Soldaten wurden hier auf engstem Raum untergebracht. Lange blanke Holzpritschen dienten als Schlafstellen, auf denen wir wie Ölsardinen zusammengepfercht waren. Die Verpflegung war mehr als dürftig: einen halben Liter dünne Suppe und ein Stück Trockenbrot. Wenn man Glück hatte, war man nachts um 2 Uhr an der Reihe. Dieser Zustand dauerte ca. drei Wochen

Hinter Stacheldraht Lager Riga

ohne Beschäftigung. Die Sterbefälle nahmen zu, ca. zwanzig bis dreißig täglich.

Wir atmeten auf, als Arbeitskommandos gebildet wurden. Handwerkliche Berufe wurden ausgesondert und zusammengefaßt. Da ich nicht dazugehörte, kam ich zum großen Kommando ZbV. In Marschgruppen, begleitet und bewacht von russischen Soldaten mit aufgepflanzten Seitengewehren, marschierten wir in die Stadt Riga zum Aufräumen. An dieser Stelle muß ich die hilfsbereite Freundschaft der lettischen Bevölkerung gegenüber den deutschen Gefangenen ganz lobend erwähnen. Auf dem Rückmarsch ins Lager wurden uns verstohlen Lebensmittel zugesteckt, die wir sehr gut gebrauchen konnten. Auf diese oft gefährliche Hilfsbereitschaft werde ich später nochmals ausführlicher zurückkommen.

Nachdem alle Arbeitskommandos zurück waren, begann die allabendliche Zählung, meistens noch vor der Essensausgabe. Wer diese Zählung mitgemacht hat, wird sich noch gut an sie erinnern. Wie zu einem Appell mußten alle Plenies (Gefangene) des Lagers kompanieweise antreten, und dann stand man da und stand. In den ersten Wochen kam man kaum unter zwei Stunden weg; es wurden auch schon drei und mehr. Der Grund lag meistens darin, daß das Wachkommando nun einfach nicht zählen konnte oder abkommandierte Plenies nicht mitgezählt hatte. So passierte es nicht selten, daß alle Baracken, Küchen, Werkstätten usw. nochmals besonders durchsucht wurden, um auf die richtige Zahl zu kommen.

Es war schon ein Drama, dieses stupide Stehen und Warten. Hinsetzen durfte man sich nicht, denn dann kam gleich ein Wachtposten und drohte mit der MP. So manche kippten um und mußten ins Revier getragen werden. In den ersten Wochen und Monaten kehrten allerdings etliche Gefangene nicht mehr mit ihren Arbeitskommandos in das Lager zurück. Auf den Arbeitsstellen bestand immer wieder die Möglichkeit, besonders im Stadtgebiet von Riga, unauffällig zu verschwinden und bei deutsch-freundlichen Familien unterzutauchen. Verständlich, daß wir dann um so länger beim Zählappell stehen mußten!

Viele „Ausreißer“ wurden allerdings wieder aufgegriffen oder auch von nicht deutsch-freundlichen Zivilisten verpfiffen und ins Lager zurückgebracht. Doch dann begann die Prozedur für diese armen Kerle, die als Abschreckung dienen sollte. Es war das sogenannte „Spießrutenlaufen“ durch unsere Zählreihen oder durch das Spalier, das wir bilden mußten, und wir sollten mit den Fäusten auf Kopf und Körper unserer Kameraden einschlagen. Wir mußten natürlich so tun, als ob, aber ernstlich zugeschlagen hat keiner von uns. Die Wachtposten gingen mit diesen Ausreißern nicht gerade zärtlich um; man sah es an ihren Beulen und blauen Flecken. Anschließend wurden sie sehr streng bestraft mit Essensentzug und harter Strafarbeit, später sogar mit Straflager. Dies waren alles Maßnahmen, die gegen die Genfer Konventionen verstießen, doch wer sollte hier Kläger sein?

Da ich die langweiligen Zählungen mehr als satt hatte, kam ich auf die Idee, mich mit Holzschnitzen zu beschäftigen. Ich war ein leidenschaftlicher Schachspieler; während des ganzen Krieges hatte ich immer ein Schachspiel bei mir, und ich fand auch fast immer einen Partner, wenn es die Lage und die Zeit zu einer oder auch mehreren Partien erlaubte. Wir spielten oft nächtelang durch bis zum Morgengrauen - wenn uns der Russe in Ruhe ließ.

Da jedoch unser Marschgepäck in der Gefangenschaft auf das Notwendigste reduziert werden mußte, blieb auch mein Schachspiel unter „ferner liefen“. Zum Glück hatte ich mein Taschenmesser durch alle Filzungen hindurchgeschmuggelt, und so fing ich an, aus kleinen Holzstückchen, die ich vor der Zählung eingesteckt hatte, Schachfiguren zu schnitzen. Ich staunte selbst über mein Geschick, das ich mir gar nicht zugetraut hatte, aber Not macht halt erfinderisch. So entstanden Stück für Stück die kompletten Schachfiguren.

Mein Stolz waren die Pferdchen, an die ich mich erst zuletzt heran wagte, und sie sind wohl auch deshalb so gut gelungen.

So habe ich diese verhaßten Zählungen nicht mehr so langweilig empfunden. Ich mußte natürlich höllisch aufpassen, daß ich nicht erwischt wurde. Aber meine Nebenmänner warnten mich immer rechtzeitig, wenn Gefahr im Verzuge war. Das Schachbrett war auch bald hergerichtet, und schon konnte es losgehen. Partner hatte ich mehr als genug, und wir freuten uns auf eine abendliche Partie, wenn wir nicht gerade todmüde waren. Dieses im Hauptlager Riga geschnitzte Schachspiel hat mich während der ganzen Gefangenschaft begleitet und mir über manche triste Stunde hinweggeholfen.

Ich habe bereits davon berichtet, daß man uns direkt nach der Kapitulation einigermaßen fair behandelt hatte. Doch als wir im Lager hinter Stacheldraht verschwanden, merkten wir schon bald, daß hier ein anderer Wind wehte. Man ließ uns ganz eindeutig fühlen, daß wir Menschen ohne Rechte geworden waren, Menschen ohne Anspruch auf unbedingtes Weiterleben. Entsprechend waren die sanitären Verhältnisse in den Lagern,von ärztlicher Betreuung ganz zu schweigen; die Verpflegung war, wie bereits erwähnt, in den ersten Wochen und Monaten katastrophal.

In diesem Zusammenhang muß gerechterweise auf die eigene prekäre Lage des Siegers „Sowjet-Union" hingewiesen werden. Die langen Kriegsjahre hatten das Land ausgezehrt, die Städte und Dörfer waren zusammengeschossen oder niedergebrannt, und das eigene Volk hatte nicht viel zum Beißen. Es ist verständlich, daß für die nun dazugekommenen Millionen deutscher Kriegsgefangener nur „Schmalhans" Küchenmeister sein konnte. Allein die Heeresgruppe Kurland hatte mit über zweihunderttausend Soldaten kapituliert.

Viele deutsche Soldaten haben diese magere Zeit in den Gefangenenlagern nicht überstanden, auch wegen mangelnder ärztlicher Betreuung. Nach einigen Monaten wurde es verpflegungsmäßig schon etwas besser, man konnte sich gerade so über Wasser halten. Ausschlaggebend zum Überleben war das jeweilige Arbeitskommando, ob man etwas dazu ergattern konnte oder nicht. Wenn nicht, dann war es bitter, und nur eine gute körperliche Kondition konnte diese erste Zeit überstehen.

Hinzu kam die seelische und moralische Demütigung, an der es die russische Lagerleitung in diesem Hauptlager Riga nicht fehlen ließ. Vor allem der „Capitain“ als Lagerkommandant ließ uns manche Schikanen und Härten spüren. Er war Jude, und man erzählte uns, daß seine Familie in einem deutschen Konzentrationslager umgekommen sei. Hierauf sei auch sein Haß auf die deutschen Gefangenen zurückzuführen. Einerseits verständlich, aber andererseits konnten wir persönlich ja nichts dafür. Wir atmeten auf, als dieser Lagerkommandant nach einigen Wochen abgelöst wurde.

Nach weiteren Filzungen hatten wir fast kaum noch persönliche Dinge; auch Bilder und Briefe wurden uns abgenommen. Trotzdem war es mir gelungen, wie bereits erwähnt, mein Taschenmesser und auch meine Uhr jeweils vor Filzungen in Sicherheit zu bringen. Leider entpuppten sich bald schon die ersten Denunzianten, die für ein paar Rubel die eigenen Kameraden verrieten. So erging es auch mir; ich bekam jedoch rechtzeitig einen Tip, so daß ich noch gerade soeben in einer anderen Baracke verschwinden konnte.

Dieser Vorfall war jedoch für mich der Anlaß, mich von meiner Uhr zu trennen, und ich setzte sie bereits am nächsten Tag auf der Arbeitsstelle gegen angemessene Rubel um. Das war für mich „Tausch- bzw. Betriebskapital“, denn nach einigen Monaten blühte der Handel und Wandel im Lager. Die „Plenies“ waren ja so erfinderisch:

Was da nicht alles gebastelt und fabriziert wurde, war bewundernswert. Die Gegenstände wurden durch die Arbeitskommandos auf den Baustellen, in Betrieben an Zivilisten und auch an unsere Aufpasser verscheuert. Für das „an den Mann bringen“ blieb natürlich für den Betreffenden etwas hängen, wofür er sich zusätzlich etwas Brot oder Zigaretten beschaffen konnte.

Doch ich habe nun schon etwas vorgegriffen in die Zeit, da das Lagerleben schon etwas erträglicher geworden war. Ich möchte deshalb noch einmal zurückblenden in die ersten Tage des „Lagers Kaiserwald“. Nach den bereits erwähnten Filzungen, die uns fast blank dastehen ließen, entwürdigte man uns mit der obligatorischen Glatze, so daß wir nun aussahen wie Sträflinge auf Sing-Sing. Es war nicht wegen evtl. Kopfläuse, wir hatten wirklich keine, man wollte uns damit demütigen und zu Menschen zweiter Klasse degradieren. Nun, wir waren die Besiegten, und es blieb uns nichts anderes übrig, als mit zusammengebissenen Zähnen unser Los zu ertragen.

Auf die mangelnde ärztliche Betreuung in den ersten Wochen und Monaten hinter Stacheldraht habe ich bereits hingewiesen. Ich sollte leider Gelegenheit haben, diesen Mangel am eigenen Leibe zu erfahren. Schon seit einiger Zeit machte mir ein Zahn zu schaffen, es waren jedoch keine dauernden Schmerzen, so daß es noch zum Aushalten war. An sich hatte ich gesunde Zähne und war in meinem bisherigen Leben nur ein einziges Mal während des Krieges beim Zahnarzt gewesen.

Doch nun schien sich etwas Ernsthaftes in meinem unteren Kiefer zusammenzubrauen. Die Schmerzen wurden stärker, und die linke Backe schwoll bedrohlich an. Ich erkundigte mich schon vorsorglich in dem großen Lager, ob nicht doch schon eine Zahnstation vorhanden sei. Sie war noch nicht da, sollte aber bald eingerichtet werden, sobald die notwendige instrumentale Einrichtung vorhanden sei, hieß es.

Man verwies mich an einen Landser, der Zahnarzt sein sollte und bestimmt helfen könnte.

Ich quälte mich noch einen Tag hin, doch dann war die Backe so stark angeschwollen und die Schmerzen so unerträglich geworden, daß ein weiterer Aufschub nicht mehr möglich war. Vom Arbeitseinsatz zurückgekommen, kauerte ich mich neben den Ofen und versuchte, mit warmen Tüchern die Schmerzen zu lindern. Doch es half alles nichts mehr, und ich bat meine Kameraden, den mir empfohlenen Zahnarzt zu holen.

Er kam auch alsbald, bewaffnet mit einer Zange - das war aber auch schon alles, was er an zahnärztlicher Ausstattung zu bieten hatte. Er erklärte mir auch sogleich, daß er außer „Ziehen“ nichts tun und mir auch keine Spritze zur örtlichen Betäubung geben könnte. Er besäße wohl eine Spritze, aber keinen „Saft“ dafür. Noch heute denke ich mit Gruseln an dieses betäubungslose Zahnziehen zurück.

Es blieb mir keine andere Wahl, und in Anbetracht der Schmerzen war es mir schon gleichgültig, was und wie es geschah; Hauptsache, es wurde mir geholfen. Also konnte die Prozedur beginnen! Ein Kamerad hielt mir den Kopf, es dauerte glücklicherweise nicht lange, bis der richtige und kranke Zahn gefunden war, und schon sah ich die Zange auf mich zukommen, die vorher über einer Kerzenflamme sterilisiert worden war.

Ich schloß die Augen; das Beste, was ich in diesem Augenblick tun konnte, die Zähne zusammenbeißen, ging ja nicht! Ich spürte die Zange, die tief ins Zahnfleisch angesetzt wurde und dann - ein schmerzhafter Druck, und es machte „knatsch“. Als ich die Augen öffnete, sah ich, wie mein Kamerad Zahnarzt kritisch seine Zange betrachtete und vergeblich nach einem Zahn Ausschau hielt. Was er in der Zange hatte, waren leider nur Splitter, und ich ahnte schon richtig, daß die Wurzel nicht mitgekommen war. Was sollte er tun? An die Wurzel konnte er so nicht ran, lediglich die noch im Kiefer steckenden Splitter holte er mir mit einer Pinzette aus dem blutenden Fleisch hervor. Es war eine Tortur, und mir war, als sei das Jüngste Gericht bereits über mich hereingebrochen. Der Mensch kann schon etwas aushalten, wenn er muß!

So saß ich die ganze Nacht am Ofen und wärmte weiter mit heißen Tüchern meine lädierte Kinnlade. An Schlaf war nicht zu denken; ich war jedoch heilfroh, daß gegen Morgen die Schmerzen nachließen. Nach weiteren zwei Tagen waren auch die Schwellungen zurückgegangen, so daß ich wieder mit auf die Arbeitsstelle konnte. Ich hatte fast drei Jahre Ruhe, bis sich die noch im Kiefer befindliche Zahnwurzel meldete. Doch glücklicherweise war dies im Lager Moskau, in dem sich schon eine gut ausgestattete Zahnstation befand. Dort meißelte man mir die Wurzel heraus - Gott sei Dank mit Betäubung.

Die Freiheit ist wie die Luft und
die Sonne; man muß sie verloren haben,
um zu wissen, daß man ohne sie nicht
leben kann.

Giacomo Matteotti

Ein glücklicher Zufall

Durch die Berufsaufteilungen und Arbeitskommandos wurden langjährige Kriegskameraden voneinander getrennt. Neue Kreise und Gruppen bildeten sich. So kam auch zwangsläufig die Trennung von vielen alten Kriegskameraden meiner Einheit und auch von Jupp Engels, der aufgrund seines Berufes zur Schiffswerft in Riga abkommandiert wurde.

Eines Abends traf ich durch Zufall beim Zählappell einen Schulkameraden aus meinem Heimatdorf Heinzenbach, Heinrich Bartenbach. Er war als Schneider der Lagermannschaft zugeteilt und hatte schon einige Vorteile in bezug auf Essen und dergleichen mehr. Er lud mich sogleich auf seine Pritsche ein und schob mir einen Blechnapf zu - ich bekam Stielaugen -mit einer Portion „Kasch", wie wir diesen Eintopf nannten. Er war sogar noch warm. Ich löffelte mit Andacht den Topf leer, als wäre es das pikanteste Festessen der Welt.

Nachdem ich mich so unverhofft gestärkt hatte, sagte Heinrich: „Nun gehen wir in die andere Baracke zu einem Erich Bernhard, der stammt aus Sohrschied und war ehemals Spieß bei dem 483. Infanterieregiment unserer 263. ID." Dieser Erich Bernhard war Kompanieführer in unserem Lager, und mein Schulkamerad meinte, daß er etwas für mich tun könnte. Er wartete schon - mit noch zwei Hunsrückern: Fritz Kunz aus Ohlweiler und Willi Korbion aus Simmern. Erich Bernhard versprach mir und Fritz Kunz, die beiden anderen hatten bereits bessere Arbeitsplätze, uns in anderen Arbeitskommandos unterzubringen. Er hielt Wort, und bereits am nächsten Abend zogen wir in seine Baracke um, und am darauffolgenden Tag wechselten wir zu einem kleinen Arbeitskommando einer Glasfabrik.

Es war ein guter Wechsel: vom Backsteinputzen in einen Fabrikationsbetrieb. Ich bedauerte zwar sehr die endgültige Trennung von meinen langjährigen Kriegskameraden, doch ein jeder hatte hinter Stacheldraht sehr bald feststellen müssen, daß es hier ums nackte Überleben ging. Das kollektive Denken wurde notgedrungen verdrängt, wobei der ethische Begriff von Kameradschaft ganz hoch im Kurs bestehen blieb. Es war zwar ein ungeschriebenes Gesetz, das aber um so wirkungsvoller angewandt wurde, z. B. ganz besonders bei Kameradendiebstahl und Denunziation. Hierauf komme ich in meinem nächsten Kapitel nochmals näher zurück.

Die uns zugeteilte Arbeit war nicht schwer; wir mußten einige Loren Sand vollschaufeln, in den Trockenraum schieben und sie dann nach der Trocknung wieder entladen zur Verarbeitung. Dazwischen hatten wir viel Freizeit, die wir dazu nutzten, uns ein wenig umzusehen; denn es gab eine Werksküche für die Zivilarbeiter - leider nicht für uns -, aber immerhin die Möglichkeit für uns, etwas abzustauben.

Der Arbeitseinsatz in der Glasfabrik war wirklich wie ein Geschenk des Himmels. Wir waren ziemlich ausgehungert, und vom Backsteinputzen wurde man halt nicht satt. Die Zuwendungen aus der Zivilbevölkerung hatten auch merklich nachgelassen, bedingt dadurch, daß wir mit Lkw´s befördert wurden und die Wachtposten strenger kontrollierten. Hier in der Glasfabrik waren nun wieder bessere Möglichkeiten gegeben, und die nutzten wir verständlicherweise aus.

Zunächst sondierten wir das Gelände um den Küchenbereich und entdeckten auch alsbald den Platz, wo die Abfälle gelagert wurden. Wer jemals in seinem Leben Hunger gelitten hat, nicht nur für ein oder zwei Tage, sondern wochen- oder gar monatelang, der wird Verständnis dafür haben, daß uns die Kartoffelschalen auf dem Abfallplatz der Werksküche wie eine Himmelsgabe erschienen. Wir sammelten die Kartoffelschalen auf, wir wuschen sie und kochten sie und füllten damit den knurrenden Magen.

Liebe Leser, wir hatten verdammt Hunger; und wenn man

so leichthin sagt: „Durst ist schlimmer als Heimweh", so möchte ich doch aus meiner Erfahrung sagen, daß Hunger allein mindestens so schlimm ist wie Heimweh und Durst zusammen.

Die Werksküche mußte ja mit Lebensmitteln und Produkten beliefert werden; und wir hatten bald heraus, wo sie gelagert wurden. Ganz besonders bei der Anlieferung von Kartoffeln, Möhren, Gemüse usw. waren wir stets auf der Hut und kassierten alles, was danebenfiel; ab und zu halfen wir auch etwas nach, damit etwas danebenfiel. Zum Verstauen hatten wir so wunderbare durchgehende Arbeitsanzüge, bei denen wir die Hosenbeine unten zubanden und diese sodann mit den ergatterten Kostbarkeiten füllten.

Mit der Schläue und der Erfindungsgabe von knurrenden Mägen entwickelten wir im „Zapzarap" (Klauen) eine unvorstellbare Perfektion. Ja, dieses „Zapzarap" wurde zur dominierenden Denkart der „Plenies" in den russischen Gefangenenlagern. Bei der kärglichen Verpflegung, ganz besonders im ersten Jahr der Gefangenschaft, war es nur zu verständlich, daß das Denken und Tun darauf gerichtet war, etwas Zusätzliches für den Magen zu ergattern. Es war ein Gebot des Überlebens; wer es nicht beherrschte, ganz gleich aus welchen Motiven, ob aus Lethargie, Schwermut oder Verdrossenheit, der hatte es schwer, zu überleben.

Einige hatten allerdings das Glück, als sogenannte „Dystrophiker" (Dystrophie = abgemagerter Körper) gegen Ende des Jahres 1945 in die Heimat entlassen zu werden. Zwei solchen Heimkehrern, mit Wohnort in unserer Kreisstadt Simmern und in Stromberg, habe ich das erste Lebenszeichen an meine Eltern und meine treue Freundin Ruth mitgegeben. Beide haben ihr Versprechen eingelöst, und so wußten meine Lieben in der Heimat, daß ich noch am Leben war. Ich denke heute noch an diese Kameraden und bin ihnen dankbar für ihren Freundschaftsdienst.

Das Leben hinter Stacheldraht - es fiel uns verdammt schwer in den ersten Wochen und Monaten! Nicht nur an der unzureichenden Ernährung, sondern auch an der seelischen Belastung und der Ungewißheit einer undurchschaubaren Zukunft zerbrach der Lebenswille von vielen deutschen Soldaten in russischer Kriegsgefangenschaft. Kein Lebenszeichen aus der Heimat, kein Brief, kein lieber Gruß - es kam uns vor, als seien wir endgültig abgemeldet von dieser Welt. Es war eine harte Bewährungsprobe, und es sollte noch lange dauern, bis wir wieder Verbindung mit unserer Heimat aufnehmen konnten. Wir kamen uns letztendlich vor wie die Prügelknaben dieses Jahrhunderts.

Ich kann mich noch gut entsinnen; und wenn ich die Augen schließe, dann sehe ich noch heute ganz deutlich, als wäre es erst gestern gewesen: die große Lagerbaracke, die langen Holzpritschen, auf denen wir Kopf an Kopf die Nachtruhe suchten. Der Körper war zwar müde, doch die Gedanken schliefen noch nicht, auch wenn das Hauptlicht in den Baracken erlosch. Es wurde zwar still, und die Gespräche verstummten, doch wir schliefen nicht, und ein jeder war weit weg mit seinen Gedanken und mit seinen Träumen.

Viele junge Soldaten - ich gehörte auch dazu; als der Rußlandfeldzug begann, war ich gerade neunzehn Jahre alt - dachten in so vielen ernsten Stunden des Krieges, als links und rechts die Kameraden ihr Leben lassen mußten, an ihre „Mutter“; und viele starben mit diesem Wort auf den Lippen, als ihre letzte Stunde gekommen war.

Ich hatte eine Mutter, die alles für mich hergegeben hat, was möglich war. Wenn ich an all die vielen lieben Briefe denke, an all die vielen Päckchen mit Kuchen, Gebäck und Zigaretten, dann wird es mir heute noch warm ums Herz. Sie war eine wunderbare Mutter; und ich bin heute noch sehr froh darüber, daß ich ihr für diese aufrichtige und uneigennützige Mutterliebe bis zu ihrem letzten Lebenstag danken konnte.

Meiner lieben Mutter zum Gedenken

Ganz leise sprech´ ich Deinen Namen,
wenn eine Nacht mich schlaflos quält,
wenn die Erinnerungen mahnen
und die Vergangenheit erzählt!

Dann seh´ ich, wie vor langen Jahren
die Mutterhände mich betreut,
die niemals müd´und müßig waren,
stets liebevoll um mich bemüht´.

Wem sollte ich mein Leid so klagen,
konnt´ Freud und Kummer so gestehn,
ich konnt´ es nur der Mutter sagen,
für alles hatte sie Versteh´n!

Ja, Deine treue Liebe will
ich stets mit einem Denkmal lohnen,
in meinem Herzen schlicht und still
soll Dank und Treue für Dich wohnen!

Denn einmal nur bist Du gegeben,
nur einmal mir auf dieser Welt,
und nirgendsonst ein ganzes Leben
so selbstlos eine Liebe hält!

Ja, Mutterliebe nie erkaltet
und nimmermüde sie im Geben,
ja, Mutterliebe für Dich waltet
von früh bis spät, ein ganzes Leben!

(Moskau 1948)

Meine Glücksfee von Riga

Ja, sie war wirklich eine Glücksfee: sie sah auch so aus, war aber glücklicherweise ein irdisches Wesen aus Fleisch und Blut, ein junges, zwanzigjähriges Mädchen mit langen, blonden Lockenhaaren, einem Stupsnäschen und fröhlich lachenden Augen. Ich nannte sie Nelly. In Dankbarkeit denke ich noch heute an sie zurück; denn gerade in den ersten bitteren Wochen härtester Kriegsgefangenschaft 1945 half sie mir, und damit auch meinen Kameraden, über diese schwierige Zeit hinweg.

Erich Bernhard, unser neuer Kompanieführer, überraschte Fritz Kunz und mich mit dem Wechsel in ein anderes Arbeitskommando. Zunächst war ich skeptisch; denn die Arbeit in der Glasfabrik war nicht schlecht, wir waren fast immer unter Dach, und es gab immer wieder etwas abzustauben. Auch wenn es nur Kartoffeln, Rüben, „Kappes" und grüne Tomaten waren, für uns waren es Delikatessen. Hunger ist nun eben der beste Koch; auch ohne Fett und ohne Fleisch schmeckte es uns, und wir wurden ab und zu einmal wieder richtig satt. Diese Erungenschaft wollten wir nicht so ohne weiteres aufs Spiel setzen.

Wir ließen uns jedoch davon überzeugen, daß das neue Arbeitskommando in keinem Falle schlechter sei, sondern wesentlich besser, sogar mit einem offiziellen Mittagessen. Es war tatsächlich keine Enttäuschung, und wir hattten keine Ursache, diesen Wechsel zu bereuen.

Wir waren nur zehn Mann und dem sowjetischen (früher lettischen) Landesgericht im Herzen von Riga, in unmittelbarer Nähe der Siegessäule, zugeteilt. In dem riesigen Gebäudekomplex waren unzählige Büros untergebracht, ein großer Speisesaal (natürlich nicht für Plenies) und etliche Konferenzräume.

Unsere Aufgabe bestand darin, die vielen Kaminöfen mit Holz zu versorgen, Holz zu sägen, zu spalten, Flure, Büroräume und Säle zu reinigen. Und tatsächlich; wenn es Mittag war, bekamen wir ein zusätzliches warmes Eintopfessen, so daß wir unserem „Erich“ nur dankbar sein konnten.

Mitunter wurde es aber auch für uns riskant, wenn wir etwa mit einem Zivilisten zum Bahnhof fuhren, um Holznachschub zu holen: Mindestens jede dritte Ladung wurde von unserem Kraftfahrer irgendwo in der Stadt verscheuert, wofür er einige Rubelscheine kassierte. Nun, wir profitierten auch etwas davon, und es ging auch Gott sei Dank gut. Bei einer Entdeckung hätte es für uns allerdings bös´ ausgehen können.

Bereits am ersten Tag lernte ich Nelly kennen. Ich war ganz überrascht, als sie mich in einem Flur zu sich winkte und mir ein Päckchen in die Hand drückte. Es war ein belegtes Brot und eine Packung Zigaretten. Nelly war Sekretärin im Vorzimmer einer russischen Majorin; und auf ihr Betreiben und mit Unterstützung ihrer Freundin, der Sekretärin des Verwaltungsdirektors, wurden mir die Überwachung der Kaminöfen und sonstige Arbeiten in den Büroräumen und in den Sälen übertragen.

Dazu gehörte das Ausfegen des Speisesaals und der übrigen Konferenzräume und das Herrichten der Stühle und Tische. Sogar zum Fensterputzen wurde ich einer älteren Dame zugeteilt, die nicht mehr so hoch auf die Leiter klettern konnte. Wenn ich an diese „Stubenmädchen-Rolle“ zurückdenke, dann muß ich heute noch über mich selbst staunen, denn ein so häuslicher Typ war ich damals ebensowenig, wie ich es auch heute noch nicht bin.

Doch diese „Putzdame“ war eine liebe Frau: Jedesmal - das war so ein bis zweimal in der Woche, wenn ich ihr bei der Arbeit geholfen hatte - steckte sie mir ein großes, belegtes Brot, Obst und auch schon mal etwas Rauchbares zu.

Eine glückliche Begegnung

Sie konnte fließend deutsch verstehen und auch sprechen; und als ich sie fragte, warum sie so gut zu mir wäre, da offenbarte sie mir, daß ihr Sohn in der lettischen Freiwilligen-Legion gewesen sei, jedoch im Westen eingesetzt wurde und bereits in den ersten Wochen der Invasion in englische Kriegsgefangenschaft geraten sei. Sie hätte Gott sei Dank die Bestätigung, daß er noch am Leben sei, so erzählte sie mir, und sie hoffe, daß ihrem Sohn vielleicht auch jemand Gutes tun würde. Ich muß es nochmals wiederholen: Sie war eine liebe und gute Frau, die als Mutter fühlte und handelte.

Durch meine Tätigkeiten hatte ich Gelegenheit, jeden Tag mit Nelly zusammenzukommen. Sie verwöhnte mich regelrecht jeden Morgen mit einer Flasche Milch, belegten Broten, Zigaretten und sogar mit Bekleidungsstücken. Es fehlte mir wirklich an nichts mehr; und ich gebe gerne zu, daß es die glücklichste Zeit meiner Gefangenschaft war.

Es ist wohl menschlich verständlich, daß sich eine innige Freundschaft anbahnte. Es war wie ein Wunder für mich, nach so vielen harten Kriegsjahren in dieser tristen Zeit der Gefangenschaft ein reizendes, junges Mädchen anzutreffen, das mir so viel menschliche Wärme, Hilfsbereitschaft und Verständnis und sogar Liebe entgegenbrachte. Doch manchmal war sie auch traurig und deprimiert, so daß ich sie trösten mußte. Sie litt sehr unter der Fremdherrschaft der Russen und lebte mit ihren Angehörigen in ständiger Angst, denunziert und entdeckt zu werden. Ihre Familie - die Großeltern waren deutscher Abstammung - hatte zu den Deutschen während des Krieges guten Kontakt unterhalten, und nun hatte sie verständlicherweise Angst.

In solchen Augenblicken weinte sie an meiner Brust, und sie flehte mich an: „Laß uns fliehen; es gibt Möglichkeiten, durch Mittelsleute mit kleinen Booten nach Schweden zu entkommen“. Es stimmte sogar; etlichen Kameraden ist es geglückt, durch die Unterstützung lettischer Freunde nach

Schweden zu entkommen. Wir schmiedeten tatsächlich Pläne über verschiedene Möglichkeiten, doch dann gab es plötzlich eine Veränderung in unserem Arbeitskommando: Es wurde auf sechs Mann verkürzt. Ich freute mich natürlich riesig, daß ich bleiben konnte. Doch ich hatte mich zu früh gefreut.

Bereits einen Tag danach wurde ich am Abend zur deutschen und russischen Lagerleitung bestellt. Man warf mir vor, ich hätte ein Verhältnis mit einem lettischen Mädchen, einer Angestellten des Landesgerichts, mit der ich sogar in Briefwechsel stehen würde. Es war uns Gefangenen streng verboten, derartige Verhältnisse mit Zivilisten zu unterhalten. Ein Arbeitskamerad, der von dem Kommando gestrichen worden war, hatte mich aus Verärgerung bei der Lagerleitung denunziert. Meine Klarstellung half zunächst nichts; ich wurde vom Kommando abgesetzt und einem Sägewerksbetrieb zugeteilt. Es war für mich, als wäre ich vom Himmel in die Hölle versetzt worden und fühlte mich moralisch am Boden zerstört.

Doch ich sollte nochmals Glück haben. Meine Arbeitskameraden, mit denen ich „Nellys Liebesgaben“ redlich geteilt, sahen nicht tatenlos zu. Sie kündigten dem Denunzianten den „Heiligen Geist“ in der nächsten Nacht an, wenn er seine Aussagen nicht widerrufen würde. (Der „Heilige Geist“ war eine sehr harte körperliche Tortur für Kameradendiebstahl, Spitzelei und Denunzination. In meinem letzten Kapitel „Hinter Stacheldraht“ habe ich auf diese Selbstjustiz der deutschen Plenies hingewiesen, mit der ich nun selbst konfrontiert wurde. Ich wollte allerdings nicht, daß diese Radikalkur angewandt werden sollte, und es kam auch Gott sei Dank nicht dazu.)

Die Androhung allein hatte ihre Wirkung nicht verfehlt; und noch am gleichen Abend nahm der „Petzer“ seine Aussagen bei der Lagerleitung zurück.

Doch auch meine gute Nelly ließ mich nicht so kampflos im

Stich: Über ihre Freundin, die Sekrätärin des Verwaltungsdirektors, ließ sie mich als dringend notwendig für spezielle Arbeiten bei der Lagerleitung anfordern.

Und tatsächlich - ich hätte es nicht zu hoffen gewagt -: man teilte mich wieder dem Arbeitskommando Landesgericht zu. Voll Dankbarkeit drückte ich meinen Kameraden, die sich so für mich eingesetzt hatten, die Hand. Sie waren alle, außer Fritz Kunz, mehr als doppelt so alt wie ich und hatten auch keinen Neid an meinem Verhältnis mit Nelly, zumal ein jeder davon profitierte; und das wurde auch uneingeschränkt von ihnen anerkannt. Für mich war es eine wohltuende Bestätigung dafür, daß es doch noch echte Kameradschaft gab, auch im Kriegsgefangenenlager.

Die Wiedersehensfreude mit Nelly war unbeschreiblich: Wir fielen uns in die Arme, als hätten wir uns jahrelang nicht mehr gesehen - die Tränen standen uns beiden in den Augen. Wie war ich dem Schicksal so dankbar für diese Fügung! Ich wußte natürlich, daß dieses unwahrscheinliche Glück in düsterer Gefangenschaft schon morgen wieder zu Ende sein konnte, und so war ich froh und dankbar für jeden weiteren Tag.

Aus dieser Erkenntnis heraus schmiedeten wir erneut konkrete Pläne zu einer baldigen Flucht übers Meer. Die günstigste Gelegenheit sahen wir darin, daß ich auf Veranlassung von Nelly zu einem russischen Offizier oder besser noch zu einem Verwaltungsangestellten für einen oder auch zwei Tage zum Holzhacken abgestellt wurde. Die Möglichkeit bestand in der letzten Zeit, und so waren bereits einige Kameraden unseres Kommandos für solche privaten Dienstleistungen bei entsprechenden Familien in der Stadt Riga tätig gewesen.

Deshalb fiel es nicht auf, daß ich nun auch einmal - natürlich auf Veranlassung von Nelly - zum Holzhacken bei einer Familie eingeteilt wurde. Dieser erste Einsatz konnte freilich nicht schon die beabsichtigte Flucht sein., er sollte lediglich zur Erkundung der Möglichkeiten dienen.

Dann jedoch war es zu spät: Die Abstellung dieser Einzelkommandos für Bedienstete des Landesgerichtes wurde strengstens untersagt, und auch die Bewachung der Arbeitskommandos selbst wurde wesentlich strenger. Wo bisher zur Abholung von Brennholz auf dem Bahnhof lediglich der Kraftfahrer dabei war, wurde nun ein bewaffneter Wachtposten zugeordnet. Der Grund lag in der enorm gestiegenen Zahl der „Ausreißer" in den letzten Wochen, die mit allen Mitteln reduziert werden sollte.

So sahen wir unsere Hoffnung dahinschwinden, obwohl wir sie noch nicht aufgegeben hatten. Aber wer weiß, wie es ausgegangen wäre! Die Russen hatten inzwischen auch ihre Kontrollen im weiteren Umkreis des Hafens und der Bucht von Riga wesentlich verschärft. Somit war das Risiko sehr groß geworden, und unter diesen erschwerten Voraussetzungen konnte ich es nicht mehr verantworten, Nelly in eine Situation zu bringen, die ihr zumindest Straflager eingebracht hätte. Ich habe später viele Frauen getroffen, die für solche und ähnliche Vergehen bitter büßen mußten.

Und dann kam die Lösung dieses Problems eines Tages wieder unverhofft und ganz von selbst: Unser Sechs-Mann- Kommando wurde gänzlich aufgelöst. Ein Märchen in düsterer russischer Kriegsgefangenschaft ging zu Ende, ein Märchen wie aus „Tausend und einer Nacht". Lebe wohl, Nelly; hab` Dank für Deine Liebe; hab` Dank für all das Gute, das du mir entgegengebracht hast!

Der letzte Gruß

Für mich tauchte der Alltag wieder grau in grau, und ich brauchte lange, bis ich das „seelische Tief“ überwunden hatte. Doch das Märchen sollte noch nicht ganz abgeschlossen sein.

Eines Abends, nach der Essenausgabe, wurde ich zum deutschen Lagerführer gerufen. Ich dachte an nichts Gutes und war schon auf alles Mögliche gefaßt. Um so größer war mein Erstaunen, als der Lagerführer mir sagte, er hätte einen Brief für mich. Ein Brief von zu Hause konnte es nicht sein, es gab ja noch keine Postverbindung mit der Heimat. Ja, ein lettischer Zivilist hätte ihm diesen Brief heimlich zugesteckt mit der Bitte, ihn mir auszuhändigen.

Ein Blick auf die Aufschrift genügte mir, und ich wußte, von wem er war: von „Nelly“! Ich wagte es kaum zu glauben; ja, Nelly hatte es gewagt, trotz des damit verbundenen Risikos für sie, mir zu schreiben. Ich ging zurück in meine Baracke, wo ich allein war. Noch ehe ich den Brief öffnete, war es mir, als stünde sie vor mir, jung, hübsch, mit ihren lachenden Augen, die aber auch weinen konnten, wenn sie traurig war.

Ich öffnete den Brief langsam und bedächtig, als wäre es ein heiliges Ritual. Ich begann zu lesen, und meine Augen wurden feucht: Meine Nelly war traurig, ich sah ganz deutlich ihre Augen, das stumme Fragen und auch die Angst, die sie oftmals überwältigte.So auch in diesem Brief, die Angst vor der Zukunft, Verzagtheit, Traurigkeit sprachen aus ihren Zeilen. Dazu kamen einige Sätze, die sehr gewagt waren und nicht gut über die russischen Machthaber urteilten.

Sie schrieb aus ihrem Herzen, was sie mir nicht mehr sagen konnte. Wir fühlten zwar beide, daß wir uns sehr nahe standen, doch die uns gegebenen Gelegenheiten waren so kurz und risikoreich bemessen gewesen, daß wir immer an die eigene Vernunft appellieren mußten. Wir vermißten uns beide sehr, und es wäre ja auch zu schön gewesen, wenn ich meine Kriegsgefangenschaft in dieser Atmosphäre hätte verbringen können.

Nelly gab mir in diesem Brief ihre genaue Privatadresse an und zusätzlich noch einen geheimen Wohnsitz auf dem Lande, auf den sie sich zurückziehen konnte, wenn es irgendwann einmal notwendig sein sollte. Dies stand alles in diesem Brief. Leider habe ich es versäumt, beide Adressen in mein Gehirn einzuprägen, denn diesen Brief mußte ich urplötzlich vernichten, um Unheil zu verhindern.

Ich hatte leider nicht mehr die Möglichkeit mit ihr in Verbindung zu treten, obwohl ich noch die Zeit bis November ´47 im Raume Riga verbringen konnte.

Da ich zudem ein unsteter Wanderer in bezug auf Arbeitseinsatz war und öfters die Arbeitsbrigaden wechselte, waren Versuche dieser Art meist aussichtslos. Die russische Lagerleitung war außerdem darauf bedacht, die Arbeitsstellen der Plenies nach gewissen Zeitabständen zu wechseln, damit die zwangsläufigen Kontakte zu den einheimischen Zivilisten nicht zu intensiv und eng wurden. Ausgenommen waren die „Spezialisten“ der verschiedensten Berufsgruppen, die in Produktionsbetrieben oder auf wichtigen Arbeitsplätzen eingesetzt waren.

Mit solchen Vorzügen konnte ich nun einmal nicht glänzen. In der deutschen Lagerverwaltung wurden meist nur russischsprechende Plenies als Dolmetscher eingesetzt. Sie genossen unter uns nicht gerade den besten Ruf und waren mitunter ganz üble Schmarotzer, Aushorcher und Denunzianten. Mit solchen Typen wollte das Gros der Lagerinsassen nichts zu tun haben, und manch einer von dieser Sorte erhielt so unverhofft in der Nacht einen nachhaltigen, aber gerechten Denkzettel.

Zunächst war es also nichts mit „Spezialist“ - später jedoch wußte ich schon besser, wie der Hase lief!

Im Zementlager

Die schönste Zeit meiner Gefangenschaft war zu Ende gegangen; es galt, nun wieder in die rauhe Wirklichkeit zurückzufinden. Dafür sorgte meine Verlegung in ein anderes Lager im Raume Riga. Auch von meinen bisherigen Lagerkameraden, insbesondere meinen Hunsrücker Freunden Erich Bernhard, Fritz Kunz und Heinrich Bartenbach, galt es, Abschied zu nehmen.

Im neuen Lager lebte ich mich trotzdem schnell ein. Dies lag im wesentlichen auch daran, daß das Lager nicht so groß war wie das Hauptlager am Kaiserwald und wir einen deutschen Lagerführer hatten, der es verstand, mit der russischen Lagerleitung umzugehen, was uns allen zugute kam. Das erste Weihnachtsfest in russischer Kriegsgefangenschaft war das schwerste und auch das traurigste von allen. Schon seit März 1945 war die Verbindung zur Heimat und zu den Angehörigen schlagartig zu Ende. Wie dunkle, undurchdringliche Schatten umgab uns die Ungewißheit. Immer wieder die bohrenden Fragen: Wie haben sie zu Hause das Kriegsende überstanden; sind sie noch am Leben usw. usf.

Wir selbst hatten bis Juni 1946 keine Möglichkeit zu schreiben. Dann wurde uns auf Grund der Bemühungen des internationalen Roten Kreuzes eine Postkarte - zunächst nur mit fünfundzwanzig Wörtern - zugestanden. Über 1 1/2 Jahre mußten wir in dieser Ungewißheit leben; hierzu gehörte schon seelische und physische Kraft, um diese Zeit durchzustehen.

Aus dem nachstehenden Originalabdruck meiner Karte vom 11. Nov. 1946 kann man ersehen, daß wir im Telegrammstil nur das Notwendigste schreiben konnten. Wir waren jedoch froh darüber, daß wir endlich wieder Verbindung mit unseren Angehörigen in der Heimat hatten.

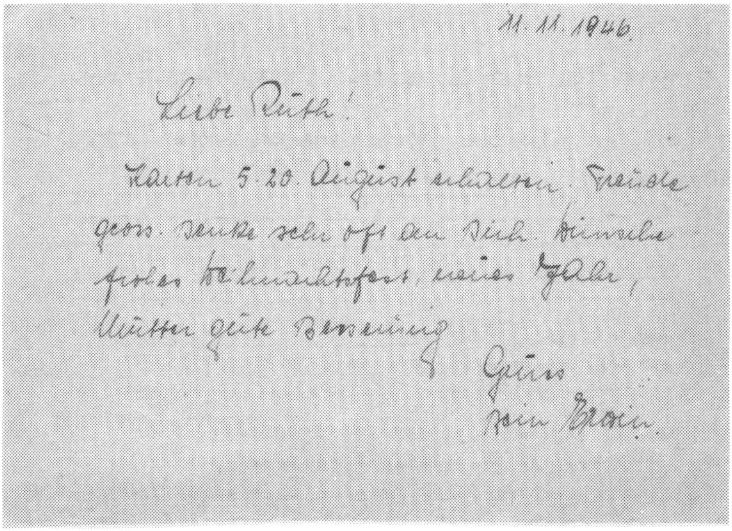

11.11.1946.

Liebe Ruth!

Karten 5.20. August erhalten. Freude gross. Denke sehr oft an Dich. Wünsche frohes Weihnachtsfest, neues Jahr, Mutter gute Besserung.

Gruss
Dein Erwin.

СОЮЗ ОБЩЕСТВ КРАСНОГО КРЕСТА и КРАСНОГО ПОЛУМЕСЯЦА
СССР

Почтовая карточка военнопленного
Carte postale du prisonnier de guerre

Бесплатно
Franc de port

Кому (Destinataire) Fräulein
Ruth Schlüter
Куда (Adresse) Deutschland-Wiesbaden
(страна, город, улица, № дома, округ, село, деревня)
Herrngartenstr. 27.

Отправитель (Expéditeur)
Фамилия и имя военнопленного Erwin Wagner
Nom du prisonnier de guerre U.d.S.S.R.-Moskau

Почтовый адрес военнопленного
Adresse du prisonnier de guerre Rotes Kreuz-Postfach 317/0

Erste Post aus der Kriegsgefangenschaft in die Heimat - 1946

Inzwischen war es Frühling geworden, Frühling 1946 auch in Lettland. Die Sonne wurde wärmer, die Natur erwachte aus dem Winterschlaf, Hoffnung auf neues Leben in der Natur! Aber auch Erinnerungen wurden wach, Erinnerungen an meinen letzten Heimaturlaub im April 1944, der nun schon volle zwei Jahre zurücklag. Aus meinem Gedicht „Heimat im Frühling" spricht die große Sehnsucht, das Heimweh, die seelische Not und doch immer wieder die Hoffnung auf eine glückliche Heimkehr.

Im neuen Lager sollten mich eine Vielzahl verschiedenartiger Arbeitskommandos erwarten. Wahrscheinlich habe ich selbst am meisten dazu beigetragen, da ich beständig auf der Suche war, auch in dieser schweren Zeit nicht nur den Alltagstrott zu erfüllen, sondern durch Eigeninitiativen die Überlebenschancen als Plenie in diesen Kriegsgefangenenlagern der Sowjet-Union zu beeinflussen. Allzuviele Möglichkeiten waren allerdings nicht gegeben.

In einem Außenlager verbrachte ich das Frühjahr und den größten Teil des Sommers 1946. Als Arbeitskommando waren wir einer Keramikfabrik zugeteilt. Zum ersten Mal wurde ich mit den Arbeitsmethoden sozialistischer Kollektivwirtschaft sowjetischer Prägung konfrontiert. Ich hatte zwar schon vom „Stachanow-System" gehört, wonach die Arbeitsleistung über die übliche Arbeitsnorm hinausgehen sollte. Stachanow war ein ehemaliger russischer Grubenarbeiter, der als Vorbild für überdurchschnittliche Leistungen über der Norm herausgestellt wurde. Nach ihm benannte man auch diese Arbeitsmethode.

Ein Nachahmer fand sich in der späteren DDR in Adolf Hennecke. Er war ebenfalls Bergarbeiter und stellte 1948 ähnliche Leistungsnormen auf und gründete darüberhinaus im Zwickauer Kohlenrevier nach sowjetischem Vorbild eine Aktivistenbewegung. Nachdem er dies geschafft hatte, war für ihn das körperliche Schaffen vorbei, und er wurde sogar 1954 in das Zentralkomitee der SED berufen.

Heimat im Frühling

Und wieder wird der Flieder blüh´n,
die Luft wird blütentrunken sein,
die Wiesen, Felder wieder grün,
der Himmel blau voll Sonnenschein!

Wie oft sah ich Dich, Heimaterde,
erwachen in der Maienzeit,
vernahm der jungen Saat Begierde,
sah Dich im schmucken Blütenkleid!

Mir ist, als raune mir im Ohr
der Heimatwälder ew´ges Lied,
als hört´ ich fern Posaunenchor,
der stets zur Andacht mich beschied!

Weit in die Ferne schweift mein Blick,
durchdringt die graue Wolkenwand,
ja, dorthin sehn´ ich mich zurück,
zurück ins Glück - ins Heimatland!

Erinnernd fragen mich die Stunden,
wenn ich so einsam und allein:
Wann wird dies alles überwunden,
wann werd´ ich wieder glücklich sein?

So hält ein Mahnen mich gefangen,
wird in der Fremde zum Gebet,
das voller Sehnsucht und Verlangen
nach einem Wiedersehen fleht!

(Riga 1946)

Doch nun zurück ins Gefangenenjahr 1946, in die Keramikfabrik: In der Hauptsache wurden dort Keramiksteine als Ziegel und Klinker hergestellt. Uns standen dafür entsprechende Formen zur Verfügung, in die die zähbreiige Masse unter Benutzung einer Holzstanze mit einem Holzhammer hineingestampft wurde. Nach einer bestimmten Trocknungszeit wurden die Formen abgenommen, und die Keramiksteine kamen zum Brennen in die Öfen.

Uns wurde eine ganz bestimmte Norm aufgegeben; das heißt: eine bestimmte Stückzahl von Steinen sollten wir pro Tag „stampfen". Diese Stückzahl haben wir aber erst später erfahren. Ich muß eingestehen, daß diese Norm wirklich leicht zu erfüllen war und wir in den ersten zwei Tagen weit darüberhinaus produzierten. Wir waren also schon richtige „Stachanow-Aktivisten".Doch am dritten Tag haben uns die Zivilarbeiter Einhalt geboten und uns eindringlich darauf hingewiesen, daß wir die Mindestnorm einzuhalten hätten und keine neuen Rekorde aufstellen sollten.

Es war verständlich; denn die Zivilisten befürchteten, daß ihre eigene Norm höher gesetzt würde. Da wir nun über unser Arbeitspensum aufgeklärt waren und uns auch keine besonderen Prämien für Mehrleistungen zugestanden wurden, beließen wir es bei unserem „Soll".

Wir hatten hierdurch sogar mehr Freizeit, mit der wir jedoch in diesem abgelegenen Kleinlager nicht viel anfangen konnten. Leider war auch kaum etwas Zusätzliches zum Essen zu ergattern. Es gab keine Werksküche; auch von den Zivilisten war nichts zu erben, da diese selbst froh waren, daß sie für ihre Familien das tägliche Brot beibringen konnten. So knurrte also mal wieder öfters der Magen, nicht vor Wohlgefallen, sondern vor Hunger.

Anfang Oktober 1946 erfolgte plötzlich ein Wechsel des Arbeitseinsatzes, bedingt durch eine Notlage in der Bucht von Riga: Kieskähne, die in der Düna ankerten, sollten entladen werden. Es mußte sehr dringlich gewesen sein;

denn wir wurden zur Nachtschicht eingeteilt, um bei Scheinwerferlicht diese Kieskähne zu entladen.

Obwohl mir diese Nachtarbeit von vornherein nicht schmeckte, so war es doch kein Vorsatz, was mir bereits in der zweiten Nacht passierte:

Von Scheinwerfern angestrahlt, schippten wir den Kies von den Kähnen in kleine Kippwagen bzw. Loren, die über eine provisorische Holzbrücke zu bereitstehenden Lkw´s transportiert wurden. Plötzlich - geblendet von Scheinwerfern - machte ich einen Schritt zuviel, prallte mit dem Oberkörper zunächst auf die Bordkante und plumpste sodann in das kalte Wasser der Düna. Es war Oktober, die Nacht und das Wasser waren eiskalt, und ich zappelte wie ein Fisch und japste nach Luft. Auf meinen Schreckensschrei hin fischte man mich Gott sei Dank bald aus der kalten Düna.

Man brachte mich zunächst in eine Baracke am Hafen, wo sich unsere Wächter an einem Ofen wärmten. Ich setzte mich dazu in den nassen Klamotten und klapperte mit den Zähnen. Ich hatte ja nichts zum Umziehen und mußte warten, bis die Schicht zu Ende war. Nach gut zwei Stunden war es dann soweit, daß wir mit Lkw´s ins Lager zurückgebracht wurden.

Mich transportierte man gleich ins Krankenrevier, denn ich hatte Schüttelfrost und starke Schmerzen in der linken Brust, mit der ich auf die Bordkante aufgeschlagen war. Zum Glück war nichts gebrochen, es war lediglich eine starke Prellung der Rippen. Nach drei Tagen Revieraufenthalt eröffnete man mir, daß ich mich bei längerem Verbleiben zum Kahlschnitt meiner so schön gewachsenen Haarpracht bereithalten müßte. Das ging mir dann doch gegen den Strich, und so meldete ich mich wieder freiwillig zum Arbeitseinsatz.

Zum Glück kam ich nicht mehr zum Hafenkommando.

Doch viele gute Arbeitskommandos hatte dieses Lager nicht zu vergeben. Das Gros der Lagerinsassen war in der direkt neben dem Lager befindlichen Zementfabrik eingesetzt. Deshalb auch die Bezeichnung „Zementlager". Ich hatte schon damit gerechnet, daß ich nun auch dort landen würde. So kam es denn auch; und prompt wurde ich wieder zur Nachtschicht eingeteilt, für die ich mich nach wie vor nicht begeistern konnte. Die Arbeit war auch hier kein Zuckerlecken, und wir mußten ganz schön ran. Anstatt Kies, mußte ich nun Kohle schippen, und der Kohlenstaub schmeckte kaum besser als der Kiesstaub.

Ich merkte bereits in der ersten Nacht, daß ich dieser harten Arbeit noch nicht gewachsen war. Mein Sturz in die Düna hatte meine Rippen doch mehr angeknackst, als ich es zunächst wahrhaben wollte. Ich mühte mich trotzdem noch fast eine Woche ab, doch dann ging es beim besten Willen nicht mehr, ich konnte die von mir geforderte Arbeit nicht mehr leisten.

Am nächsten Morgen meldete ich mich krank. Bei unserer Lagerärztin, einer gut proportionierten, sehr verständnisvollen Jüdin, hatte ich es ganz gut stehen. Sie sprach ein perfektes Deutsch, was für uns alle von Vorteil war. Als ich ihr meine Beschwerden vortrug, hob sie den Zeigefinger und sagte: „Das habe ich kommen sehen, aber Du wolltest ja unbedingt raus! Deine Haare waren Dir ja wichtiger - und nun, was mache ich mit Dir?" Sie lächelte dabei, und da wußte ich, daß sie mir nicht ernstlich böse war. So sagte ich: „Bitte nicht wieder ins Krankenrevier; vielleicht könnte ich für leichte Lagerarbeiten eingeteilt werden, bis meine Rippen wieder geheilt sind!"

Mein Wunsch ging in Erfüllung, die Ärztin schrieb mich beschränkt arbeitsfähig für leichtere Arbeiten im Lager. Ich bedankte mich sehr herzlich bei ihr für dieses Entgegenkommen und verglich sie unwillkürlich mit unserem früheren jüdischen Lagerkommandanten im Hauptlager.

Welch ein Unterschied! Trotz des großen Leides, das Deutsche dem jüdischen Volk angetan hatten, zeigte diese jüdische Ärztin keinen Haß uns gegenüber. Sie behandelte uns fair, verständnisvoll, und half uns, wo sie konnte.

So verhalf sie mir auch zu dem besten Arbeitskommando, das das Lager zu vergeben hatte. Nach ca. sechs Wochen waren meine Rippen soweit ausgeheilt, daß die Ärztin mich wieder fragte, was sie nun mit mir tun sollte. Ich blieb ihr auch diesmal die Antwort nicht schuldig; denn ich wußte inzwischen von einer Speise-Ölfabrik, für die ein Arbeitskommando abgestellt war. Man erzählte sich traumhafte Dinge von diesem Kommando, und so dachte ich, Fragen kostet schließlich nichts. Und siehe da, meine Ärztin machte mir Hoffnung! Sie versprach mir, mit dem deutschen Lagerführer und dem Arbeitseinsatz zu sprechen, und ich solle mich in zwei Tagen nochmals bei ihr melden.

Doch bereits am nächsten Tag wurde ich zum Lagerführer gerufen und bekam die Zusage, daß ich in den nächsten Tagen zum Ölkommando abgeholt würde; ich solle schon meine Sachen zusammenpacken. Der Ärztin brauchte ich nur noch zu danken, was ich auch nicht versäumte.

Ehe ich dieses Kapitel abschließe, möchte ich doch noch berichten, daß ich in dem Zementlager noch einen guten Bekannten aus einem Nachbarort, den Peter Krämer aus Wüschheim, getroffen habe. Er war zum Schluß in der gleichen Division gewesen wie ich, was wir aber nicht wußten. Wir freuten uns natürlich über dieses Wiedersehen und saßen oft abends auf der Pritsche zusammen und erzählten von zu Hause, von gemeinsamen Bekannten und Erlebnissen. Es war immer, als wäre ein Stück Heimat zu uns gekommen. Bis November 1947 blieben wir in diesem Lager zusammen, dann führten uns die Wege der Gefangenschaft wieder auseinander. Nach der Heimkehr haben wir uns sofort wieder gesucht, haben bis heute Verbindung gehalten und sind gute Freunde geblieben.

Das wäre beinahe ins Auge gegangen

In der Tat: Es war ein Außenlager, von dem man nur träumen konnte. Es handelte sich um eine Ölfabrik, in der man aus Sonnenblumenkernen Speiseöl herstellte. Nach den mageren Monaten in der Keramik- und Zementfabrik glaubte ich, ins Schlaraffenland versetzt worden zu sein. Mir lief das Wasser im Munde zusammen, als ich sah, wie man hier lebte:

Das Brot wurde in Speiseöl geröstet, darüber etwas Zucker gestreut, und fertig war die Delikatesse. Der Mittag- und Abendeintopf wurde nur noch mit Speiseöl veredelt gegessen. Auch ich nahm diese Gelegenheit wahr, um meine körperlichen Kräfte aufzufrischen; sie hatten es bitter nötig.

Nun war es nicht so, daß uns das Speiseöl offiziell als Zugabe zugeteilt wurde; oh nein, wir mußten es uns schon selbst organisieren. Im Klartext hieß dies also, daß wir uns die zusätzliche Verpflegung wieder einmal durch ganz normales „Klauen“ beschaffen mußten. Wir entwickelten auch in diesem Arbeitskommando einen bewundernswerten Perfektionismus, so daß uns selbst mitunter bange wurde in Anbetracht unserer einfallsreichen Tricks und sehr oft auch riskanten Aktionen.

Es ging uns also nicht schlecht in diesem Öllager, obwohl wir harte Arbeit leisten mußten. Diese bestand in der Hauptsache darin, die Lastkraftwagen zu entladen, und das waren 2-Ztr. schwere Säcke mit Sonnenblumenkernen. Ich war Gott sei Dank mit meinen angebrochenen Rippen wieder soweit, daß ich diese Arbeit leisten konnte, und daß ich von Natur her eine gute gesundheitliche Konstellation besaß. Trotzdem hatte ich mir zuviel zugemutet, was sich allerdings erst später im Moskauer Lager herausstellen sollte.

Nach einigen Wochen in diesem Außenlager fiel mir und

noch einigen anderen Neulingen auf, daß die Kameraden, die schon länger in diesem Lager waren, sich auf einem beneidenswerten Lebensstandard befanden. Es fiel uns auch nicht schwer zu enträtseln, woher dieser Wohlstand kam: Es wurde „geschoben", Speiseöl, nicht flaschen - und auch nicht kanister - , sondern fässerweise entweder direkt an Zivilisten durch und über den Zaun oder auch in Gemeinsamkeit mit dem Wachpersonal. Das ging eine Zeitlang gut, aber nicht auf Dauer; dann kam der große Knall:

Wir kamen von der Vormittagsschicht in unsere Unterkunft zum üblichen Mittagessen zurück . Doch schon von weitem sahen wir, daß etwas im Gange war; einige Politoffiziere und Soldaten versperrten uns den Weg zur Unterkunft. Auf dem Vorplatz lagen kunterbunt Strohsäcke, Bekleidungsstücke und private Utensilien wie vom Winde verweht durcheinander. Man hatte also unsere Behausung aufs gründlichste gefilzt.

„Antreten in Zweierreihe!" wurde uns befohlen. Wir wußten schon, was dies im Klartext hieß: Filzung (Durchsuchung) bis auf die Haut. Ich stand in der ersten Reihe als Dritter von links. Es ging alles so schnell und überraschend, daß wir keine Möglichkeit mehr hatten, etwas beiseite zu schaffen. Siedendheiß dachte ich an meine linke Brusttasche, in der sich der letzte Brief von Nelly befand. Das darf nicht sein; das darf nicht passieren, daß dieser Brief in die Hände der Politoffiziere kommt - das war mein einziger Gedanke in diesen Minuten. Die Folgen wären katastrophal gewesen. Ich glaube, ich habe bisher noch nie in meinem Leben so konzentriert ein Verantwortungsbewußtsein mit einem eisernen Willen in mir gespürt, diese Herausforderung für mich zu entscheiden.

Mit fiebernder Hand gelang es mir gerade noch rechtzeitig, den Brief aus der linken Brust- in die linke Hosentasche zu schaffen und ins Taschentuch zu knüllen, als auch schon der „Polit" vor mir stand und mit der Filzung meiner

Taschen begann. Als er zu den Hosentaschen kam, täuschte ich einen Nies- und Hustenanfall vor, holte das Taschentuch mit dem eingeknüllten Brief aus der linken Hosentasche hervor und nieste und putzte meine Nase solange, bis die linke Hosentasche die Filzung überstanden hatte und ich das Taschentuch mit dem Brief wieder gefahrlos einstecken konnte.

Ich hatte ein nasses Hemd, war total erschöpft und doch unsagbar glücklich, daß dieser Brief nicht entdeckt worden war. Es hätte für Nelly Straflager in Sibirien bedeutet.

Schockiert von dieser Razzia und den um Haaresbreite entgangenen Folgen, las ich am Abend, als alles vorbei war, noch einmal und zum letzten Mal diese letzten Liebesgrüße von Nelly. Dann, wie von magischer Kraft befohlen oder auch einer inneren Stimme der Vernunft gehorchend, schob ich den Brief ganz langsam in die züngelnden Flammen des Kaminfeuers. Es war zwar der letzte Gruß, der da verbrannte; doch in meinem Herzen ist es immer lebendig geblieben, dieses lebensbejahende blonde Mädchen mit den lachenden Augen.

Doch plötzlich schnellte ich, wie von einer Tarantel gestochen, in die Höhe: An das Foto von Nelly hatte ich noch gar nicht gedacht, auf dem ihr Name und auch ihre Anschrift stand. Ich durchwühlte mein bißchen Gepäck, und - Gott sei Dank - es war noch da! Doch dieses letzte Andenken, ihr Bild, zu vernichten, zu verbrennen, das brachte ich nicht übers Herz.

In Dankbarkeit denke ich noch heute an sie; und ich bin sehr glücklich darüber, daß meine Frau für diese „Liebesromanze“ in der schwersten Zeit meines Lebens volles Verständnis gefunden hat, auch dafür, daß ich noch heute die Erinnerung an dieses Mädchen von einst - das nun ja auch schon eine ältere Dame sein wird, falls sie noch am Leben sein sollte - in Ehren halte.

Die plötzliche und unverhoffte Razzia war ausgelöst worden durch die bereits erwähnte Verschiebung größerer Mengen Speiseöl. Ich muß selbst sagen, daß es die älteren Hasen, damit meine ich die Plenies, die schon länger in dem Öllager waren, reichlich übertrieben hatten. Wir sahen, was sie sich alles leisten konnten: Das Lageressen rührten sie überhaupt nicht mehr an; sie hatten ihre eigene Küche mit den feinsten Delikatessen und trugen nach Feierabend Klamotten, als seien sie die Millionäre selber. Hier paßte das Sprichwort wie die Faust aufs Auge: Wenn es dem Esel zu wohl ist, geht er auf´s Eis!

Wie man munkelte, sollte es ein russischer Wachtposten gewesen sein, der die ganze Sache verpfiffen hatte. Anscheinend war ihm sein „Schweigegeld" nicht mehr hoch genug gewesen. Obwohl ich wie viele andere des Kommandos nichts mit dieser Großschieberei zu tun hatte, so hieß es auch hier: Mitgegangen - mitgefangen!

Wir hatten alle Mühe, bei den sich anschließenden Verhören die Politoffiziere davon zu überzeugen, daß wir nur für unser eigenes leibliches Wohl „geklaut" und nichts gegen Rubel verscheuerten hatten. Unser Glück war, daß man bei uns keinen einzigen Rubelschein fand und auch sonst keine Wertgegenstände, im Gegensatz zu den Hauptverdächtigen.

Es läuft mir heute noch kalt den Rücken hinunter, wenn ich daran denke, daß ich gerade um Haaresbreite an Sibirien vorbei gekommen war. Die Urteile wurden bald gefällt: Fünf Jahre Straflager in Sibirien wegen Vergehens am Volksvermögen der Sowjet-Union!

Das war noch einmal gutgegangen. Die traurige Folge war jedoch die, daß das gesamte Kommando liquidiert wurde. Das hieß daß wir alle wieder in das Zementlager zurückkehren, mußten. Ja, aus war´s mit dem Kommando, wo sozusagen Milch und Honig geflossen war!

Lagerleben

Es war zwar nur ein knappes halbes Jahr, das mir in dem „Paradies Ölfabrik“ vergönnt war. Ich hatte jedoch die Zeit genützt, gut aufgetankt, und kam mit dicken Backen und guten körperlichen Reserven zurück. Mein Freund Peter Krämer mußte zweimal schauen, bis er mich erkannte.

Nicht gerade so hoffnungslos wie im Vorjahr verbrachten wir Weihnachten 1946. Nachdem wir selbst seit Juli schreiben konnten, erhielten wir nun auch ab August 1946 erstmals Post aus der Heimat. Wie habe ich mich gefreut über den ersten Brief meiner Eltern, über die ersten Grüße von Ruth! Ein unbeschreibliches Glücksgefühl erfüllte mich. Vor allem, sie lebten noch und hatten das Ende des Krieges soweit gut überstanden! Es war doch eine harte und bittere Zeit gewesen, über eineinhalb Jahre total isoliert zu sein, ohne Verbindung zur Heimat. Wer Gleiches oder Ähnliches erlebt hat, weiß, wie solches ungewisse Warten deprimiert und an den Nerven zehrt. Es gab Kameraden, die dieser seelischen Belastung nicht gewachsen waren und daran zerbrachen.

Welch ein Unterschied zwischen diesem Weihnachten 1946 und dem ersten Weihnachten 1945! Viele erhielten erst kurz vor Weihnachten die erste Post aus der Heimat. Es war ein befreiendes Aufatmen, und so wie ein sonniger Frühling mitten im Winter, der sich plötzlich über unser tristes Lager ausbreitete. Man sah wieder lachende Gesichter, die hoffnungsvoll und zuversichtlich in die Zunkunft schauten.

Es gab aber auch Kameraden, die verzweifelt und niedergeschlagen waren von den Nachrichten aus der Heimat. Hier war es die Frau, das Kind, die Mutter, der Vater, dort die Braut, die Schwester, der Bruder, die inzwischen gestorben oder durch Bombenangriffe und die Rückzugskämpfe auf heimatlichem Boden umgekommen waren. Auch damit galt es, fertig zu werden.

Ein Wehmutstropfen fiel auch in meine Freude über die guten Nachrichten von zu Hause: Es war die Sorge und bangende Hoffnung um meinen Bruder Franz, der seit August 1944 als vermißt gemeldet galt und von dem kein Lebenszeichen mehr eingegangen war. Doch Eltern geben so schnell nicht auf und ganz besonders keine Mutter. So hoffte auch meine Mutter immer noch Jahr für Jahr, daß ein Wunder geschehe!

Nachdem wieder Kontakt mit der Heimat bestand und die bisherige Ungewißheit nicht mehr so belastete, fand auch ich wieder neuen Lebensmut. So verkraftete ich auch das jähe Ende des „Schlaraffenland-Kommandos-Ölfabrik" viel gelassener, als dies zu einem anderen Zeitpunkt möglich gewesen wäre.

Unsere jüdische Ärztin, mit der ich irgendwie von Anfang an einen guten Kontakt hatte, freute sich offenbar, als sie mich wiedersah. Als erstes fragte sie mich, ob ich auch zu den „Groß-Schiebern" der Ölfabrik gehören würde. Es hatte sich natürlich längst bei der Lagerleitung, Verwaltung und allen Insassen herumgesprochen. Ich verneinte natürlich, was ja auch stimmte, und sagte, daß ich nur für meinen eigenen Bauch gesorgt hätte. Da lachte sie und sagte „Nitschewo" - was soviel heißt wie: Das macht nichts, das ist nicht so schlimm!

Inzwischen hatte sich auch die ärztliche Betreuung wesentlich gebessert. Es wurden auch nicht mehr willkürlich Arbeitsbrigaden zusammengestellt, sondern wurde auch schon auf die körperliche Konstitution und gesundheitliche Verfassung Rücksicht genommen. In festgelegten Abständen erfolgten sogar ärztliche Routineuntersuchungen.

So mußten wir auch zwecks neuer Arbeitseinteilung zunächst zur ärztlichen Untersuchung. Schon seit einigen Wochen verspürte ich in der rechten Bauchseite ab und zu stechende Schmerzen. Da sie jedoch wieder vergingen, dachte ich, daß es noch Auswirkungen vom Säckeschleppen seien, was sich später auch als richtig herausstellen sollte.Nachdem ich mich bei der Ärztin für das gute Ölkommando bedankt hatte, wies ich sie auf diese Schmerzen hin und bat sie, mich für ein Arbeitskommando vorzuschlagen, wo ich keine schweren Lasten schleppen müßte. Sie sah mich zunächst etwas belustigt, aber auch nicht abweisend an und sagte dann übertrieben streng: „Das muß ich mir noch gut überlegen!“

Am nächsten Tag wurde ich zum neuen Arbeitskommando aufgerufen: Es war die Ziegelei, die nach der Ölfabrik den besten Ruf im Lager hatte. Ich freute mich unheimlich, wußte aber auch genau, wem ich diese Einteilung zu verdanken hatte. Nach einigen Arbeitstagen in der Ziegelei ging ich ins Krankenrevier, um mich bei meinem „Guten Geist“ zu bedanken.

Als ich als vermeintlicher Patient an die Reihe kam, sagte die Ärztin mit hochgezogenen Augenbrauen: „Was willst Du denn schon wieder?“ Ich sagte: „Frau Doktor, ich möchte Ihnen danken, nicht nur in erster Linie für Ihre ärztliche Tätigkeit, sondern für Ihr großartiges menschliches Verständnis, das Sie mir und meinen Kameraden bisher entgegengebracht haben“. Ich streckte ihr impulsiv meine Hand entgegen - es war ungewöhnlich, was ich tat: Sie, eine jüdische Ärztin, deren Volk so grausam unter dem Nazi-Regime gelitten hatte, sollte mir, einem Plenie, einem ehemaligen deutschen Soldaten, die Hand geben?! Sie tat es und sagte dann ganz ernst: „Laß gut sein, mein Junge, du konntest schließlich nichts dafür!“

Die Ziegelei war wirklich wieder ein gutes Arbeitskommando bzw. eine gute Arbeitsbrigade, wie man die einzelnen Arbeitsgruppen inzwischen nannte. Hier war uns erstmals die Möglichkeit geboten, Geld, das heißt Rubel, durch Arbeit zu verdienen, wenn wir bestimmte Arbeitsnormen bzw. ein bestimmtes „Soll“ erfüllten. In dieser Ziegelei wurden Sandziegelsteine, also keine Dachziegel und keine gebrannten Ziegelsteine, produziert.

Aus Sand, Kalk und Wasser erfolgte die Herstellung.Dieses Gemisch wurde in einem Rotationsverfahren in Backsteinformen gepreßt und auf einem rotierenden Tisch ausgestoßen.

Unsere Aufgabe war es, diese nur gepreßten backsteinförmigen Produkte mit Spezialhandschuhen abzuheben und auf einem Rollwagen pyramidenförmig auf Luke aufzusetzen, bis nur noch zualleroberst ein gepreßter Stein übrig blieb. Hierzu gehörten nicht nur flinke Hände, sondern auch konzentriertes Fingerspitzengefühl.

Wie leicht passierte es, daß so ein nur mit Wasser gepreßter Stein schon beim Heben auseinanderfiel! Nun, das war noch nicht so schlimm, es war schließlich nur e i n Stück. Viel tragischer und ärgerlicher war es, wenn die Pyramide auf dem Rollwagen wegen unordentlichem Luken-Aufbau oder unsachgemäßem Transport in die Brüche ging!

Mit meinem Arbeitskameraden Heinz Burzlaff wurde ich Spezialist an der Ziegelsteinpresse. Wir hatten uns in dieser Tätigkeit so eingearbeitet, daß wir bisher nie dagewesene Rekorde aufstellten - was wir eigentlich gar nicht wollten - und deshalb auch einige Rubelscheine extra an Prämien verdienten. Hiermit konnten wir uns zusätzlich Rauchwaren und auch Lebensmittel beschaffen. Unsere Perfektion am rotierenden Ziegelsteintisch ging soweit, daß wir - mein Freund Burzlaff und ich - als Spezialausbilder eingesetzt wurden, was natürlich kein Nachteil für uns war.

Im Lager selbst hatte sich vieles geändert und auch normalisiert. Trotz des Stacheldrahtes wurde es lebendiger in unserem Lager. Wir begannen, die Freizeit nützlicher zu gestalten, kulturell und auch gesellschaftlich. Groß in Form kam z. B. das Schachspiel, zunächst nur als Partnerspiel, sodann jedoch als großes Lagerturnier, und ich bin heute noch stolz darauf, immer in den Endkampf gekommen zu sein. Es dauerte mitunter bis spät nach Mitternacht, bis diese Endspiele entschieden waren.

Unser deutscher Lagerführer, leider ist mir sein Name entfallen, war ein begeisterter und auch guter Schachspieler. Wir hatten ihm viel zu verdanken, ich habe es bereits erwähnt, weil er es verstand, mit der russischen Lagerkommandantur umzugehen und so ein gutes „Lagerklima" erreichen konnte. Doch zum Schach zurück: Wir arrangierten Schachspiele mit lebenden Figuren - wir veranstalteten Schachspiele an zehn Brettern - es waren Attraktionen in unserem Lager und Beweise dafür, daß wir den „Nullpunkt" überschritten hatten.

Doch außer Schach interessierte mich sehr das kulturelle Leben in unserem Lager. Ich spürte die Notwendigkeit geistiger Beschäftigung und die Notwendigkeit des Glaubens an die Zukunft, an eine Zukunft ohne Stacheldraht und an eine Zukunft in der Heimat.

Mit der deutschen Lagerleitung richteten wir für die Wochenenden Unterhaltungsabende ein. Wir engagierten sanges- oder auch darstellungsbegabte Kameraden für ein unterhaltsames Abendprogramm, das großen Anklang fand.

Durch diese Unterhaltungsabende, an denen ich mit eigenen, meist lustigen Gereimtheiten mitwirkte, lernte mich auch erstmals mein späterer Freund Otto Kraski kennen, den ich bereits in meinem Vorwort erwähnt habe.

An dieser Stelle darf ich nicht vergessen, von unserem Sängerstar Toni Meier zu erzählen, der in diesen Veranstaltungen der absolute Star war und uns mit seinen Liedern begeisterte. Doch darüberhinaus - inzwischen waren alle Baracken mit Lautsprechern ausgestattet - erfreute er uns fast allabendlich kurz vor dem Einschlafen mit Gesang, an den sich sehr oft das „Lied der kleinen Brigitte" mit folgendem Text anschloß:

Kleine Brigitte

Jugend und Schönheit vergeht,
alles hat Anfang und Ende,
nur die Liebe besteht,
das sagen Worte und Bände!

So wird es immer auch sein,
was uns die Zeiten auch bringen,
kommt, laßt uns lustig und fröhlich sein
und uns ein Loblied singen:

Kleine Brigitte,
komm und sei mein,
hör' meine Bitte,
sage nicht nein!
Du sollst es wissen,
ich will Dich küssen,
das macht mich glücklich und froh
- so oder so -
das macht mich glücklich und froh
- so oder so! -

Ja, wenn Toni Meier sang, dann wurde es still in den Baracken! Dann verstummten die auch noch so lebhaften Gespräche und Debatten. Ein jeder kam bei dem besinnlichen Text und der klangvollen Melodie ins Träumen, ins Träumen von „seiner" Brigitte - auch wenn sie anders hieß. Erinnerungen und Sehnsüchte wurden wach, wie sollte es auch anders sein!

Von wem Text und Melodie dieses Liedes, von dem es noch mehrere Verse gab, stammen, konnte ich bis heute nicht herausfinden. Es ist mir zu Hause nirgendwo wieder begegnet.

Ich hatte mir den Text nicht aufgeschrieben, er blieb jedoch bis heute in mir haften, und auch die Melodie blieb mir im

Ohr. Zu besonderen Gelegenheiten habe ich dieses Lied sogar gesanglich vorgetragen - natürlich nicht so gut wie seinerzeit unser Starsänger Toni Meier.

So haben wir aus der Not eine Tugend gemacht; und ich bin der Meinung, daß nicht nur das Negative in der russischen Kriegsgefangenschaft hervorgehoben werden sollte. Ich habe einige Berichte und auch Bücher über Erlebnisse in russischer Kriegsgefangenschaft gelesen, bei denen ich fast kaum positive Aspekte fetstellen konnte. Ich will versuchen, in meinen Berichten objektiv auch das Bemühen von sowjetischen Lagerkommandanten und Bewachern zu würdigen, die uns deutschen Kriegsgefangenen gutgesonnen waren und uns geholfen haben, das harte Los der Gefangenschaft leichter zu ertragen. Es war nicht überall gleich, und deshalb bin ich der Ansicht, daß man nicht einseitig berichten und darstellen sollte.

Im Zementlager 1947 konnte man es schon aushalten. Es war vieles schon besser geworden, auch die Verpflegung war, wenn auch nicht üppig, so doch ausreichend. Jeder konnte sich auch zusätzlich etwas für den Magen beschaffen. Doch es war inzwischen Sommer 1947 geworden; schon über zwei Jahre war der Krieg zu Ende, und wir befanden uns immer noch in Kriegsgefangenschaft. Über drei und bei vielen schon über vier Jahre lag der letzte Heimaturlaub zurück. Wir wollten doch nach Hause; denn einmal, so glaubten wir, mußte doch der Tag kommen, einmal mußte doch unsere Not und unsere Sehnsucht zu Ende sein; es konnte doch nicht sein, daß wir für die Schuld unserer Politiker und Militärs bis zum bitteren Ende büßen müssen! Aus den Briefen unserer Angehörigen erfuhren wir, daß schon viele ehemalige Soldaten aus amerikanischer, englischer und französischer Gefangenschaft zurückgekehrt seien.

So hofften auch wir fest darauf, daß nach über zwei Jahren Kriegsgefangenschaft hinter Stacheldraht nunmehr doch unsere anteilige Kollektivschuld abgegolten wäre. Doch dem war nicht so; und es war gut, daß wir nicht wußten, daß uns noch weitere zwei lange, harte Jahre russischer Kriegsgefangenschaft bevorstanden.

Zum Geburtstag im September 1947 schickte ich aus Riga diese selbstgemalte Geburtagskarte.

Eine Fahrt ins Ungewisse

Es ging schon auf das Jahresende 1947 zu. Parolen kursierten unentwegt hin und her, kreuz und quer. „Es geht nach Hause!“ Das war verständlicherweise die Parole, die wir am liebsten hörten. Es sah auch wirklich danach aus; wir befanden uns ja immer noch in Lettland, im Raume Riga, also noch nicht im eigentlichen Rußland. Was lag also näher, nach zweieinhalbjährigem Aufenthalt in diesem baltischen Land, anzunehmen, daß wir nun nach Hause kämen?

Ein anderes Gerücht besagte, daß wir nach dem ehemaligen und nun von der Sowjetunion annektierten Ostpreußen kämen, um dort für den Wiederaufbau eingesetzt zu werden. Die schlechteste Latrinenparole war das Gemunkel, daß es in den Ural oder sogar nach Sibirien gehen würde. Nur bei dem Gedanken daran wurde uns schon heiß und kalt zugleich. Deshalb schoben wir diese Möglichkeit auch ganz weit nach hinten zurück.

In jedem Falle lag etwas in der Luft: Nervosität bei der Lagerkommandantur; auch die deutschen Brigadeführer wurden hin- und hergescheucht. Dann war es soweit: Ein russischer Polit und ein Verantwortlicher von der deutschen Lagerleitung erschienen eines Abends in der Baracke und verlasen Namen, Namen und nochmals Namen. Es war eine lange Liste, aber es wurden nicht alle aufgerufen, also war keine totale Räumung des Lagers vorgesehen. Alle Vorgelesenen wurden aufgefordert, für den nächsten Tag ab 14.00 Uhr marschbereit zu sein.

Wir waren voller Hoffnung und packten unsere sieben Sachen begeistert zusammen. Doch vor der Abreise, es war am Vormittag, besann ich mich auf meine jüdische Ärztin; ich wollte mich von ihr verabschieden. „Warum auch nicht?“, dachte ich; sie hatte für mich immer ein offenes Ohr gehabt und mir wiederholt geholfen.

Sie empfing mich auch sofort, als ich mich bei ihr meldete. Wie immer, redete sie mich mit „Mein Junge“ an, - ich war inzwischen immerhin schon sechsundzwanzig Jahre alt geworden, muß aber trotzdem wohl noch ganz jugendlich ausgesehen haben. Dann fragte sie: „Du willst doch nicht etwa krank sein?“ - „Oh nein“, sagte ich, „ich darf doch jetzt nicht krank sein, wo es nach Hause gehen soll; ich möchte mich nur noch bei Ihnen bedanken für das, was Sie für mich getan haben“.

Sie sah mich groß an, und ich sah einen Schimmer von Traurigkeit in ihren Augen, den ich aber erst später zu deuten wußte. In echt mütterlicher Art sagte sie zu mir: „Ich danke Dir, mein Junge, ich wünsche Dir alles Gute, und komme gesund nach Hause!“ Dann drehte sie sich schnell um und verschwand im Nebenzimmer. Nachdenklich ging ich in meine Baracke zurück.

Ob es am Hauptbahnhof von Riga war oder auf einem Nebenbahnhof - so genau weiß ich es nicht mehr, auch nicht den genauen Tag, es war jedenfalls Anfang November 1947: Wir waren ein paar hundert Plenies, es können fast tausend gewesen sein (die genaue Zahl kann ich nicht mehr angeben), die in Eisenbahnwaggons verladen wurden. Es waren keine Personenwagen mit Sitz- und Liegebänken, sondern ganz normale Güterwagen. Die Ausstattung dieser Wagen ließ uns schon nichts Gutes ahnen. In einer Ecke eine primitive Vorrichtung für das Allernotwendigste: all das dämpfte schon in gewissem Grad unsere Hoffnung.

Wie die Ölsardinen nahmen wir in den Güterwagen, deren Inventar lediglich aus einer Strohlage bestand, unsere Plätze ein. Wir glaubten es kaum, und trotz der Erbärmlichkeit unseres Transport-Salons gerieten wir in Hochstimmung, als wir feststellten, daß es nach Westen ging. Das konnte doch nur die Entlassung aus der russischen Kriegsgefangenschaft sein; das konnte doch nur die Fahrt in die Heimat sein!!

Wie sollten wir auch anders denken; wir liefen gerade in den Hauptbahnhof Kowno (Kaunas) in Litauen ein. Danach kam zwar noch ein Stück Polen, aber danach Deutschland bzw. das zur Zeit besetzte Deutschland! Wir waren schon fast sicher, in einigen Tagen zu Hause zu sein.

Doch es sollte nicht sein und wieder einmal ganz anders kommen. Wir durften unsere Waggons nicht verlassen, und bei Einbruch der Dunkelheit setzte sich unser Eisenbahnzug wieder in Bewegung. Wir waren immer noch guter Hoffnung und träumten in die Nacht hinein; wir träumten von dem Wiedersehen in der Heimat.

Das Erwachen war furchtbar! Beim Morgengrauen ging es wie ein gespenstisches Raunen durch die ratternden Eisenbahnwaggons: Wir fahren wieder nach Osten! Ich will nicht wiedergeben, welche Szenen sich da abgespielt haben; wir alle jedoch, in diesen primitiven Eisenbahnwagen, kamen uns wie von der gesamten Welt und auch von Gott verlassen vor. Deprimiert und schon apathisch rollten wir Tag um Tag nur noch in eine Richtung: nach Osten!

Auf dieser Fahrt lernte ich meinen treuen Freund Otto Kraski kennen. Wir kannten uns zwar schon flüchtig vom Zementlager her. Wir lagen nebeneinander im Eisenbahnwagen und hatten so reichlich Zeit und Gelegenheit, uns näher kennenzulernen und uns von zu Hause zu erzählen.

Hieraus entstand eine Freundschaft, die sich in der Folgezeit der Gefangenschaft bewährte und vertiefte und die schließlich bis heute bestehen blieb. Er und ich, wir wohnen heute schon seit über fünfunddreißig Jahren mit unseren Familien unter einem Dach. Wir reden darüber keine großen Worte mehr; doch wir wissen, wie schwer einmal unsere gemeinsame Zeit in Riga und Moskau war, und sind dankbar dafür, daß wir uns trotz all jener Strapazen noch des Lebens erfreuen können.

Doch noch war es nicht so weit; noch immer rollte unser

Zug nach Osten, obwohl wir nun schon rund eine Woche unterwegs waren. Wir rechneten schon damit, daß letzten Endes doch die schlechteste Parole die richtige gewesen war: Ural oder Sibirien! Es war Zeit, daß wir einmal an die frische Luft kamen; trotzdem wir die Luken dauernd geöffnet hatten, war mitunter ein so dicker Mief in dem Güterwagen, daß sich einem der Magen umdrehen konnte.

Es war im Morgengrauen, als sich das Tempo des Eisenbahnzuges verlangsamte. Wir sahen, zunächst noch schemenhaft, eine Unmenge von brennenden Laternen. Es mußte ein großer Bahnhof sein, und darin sollten wir uns nicht getäuscht haben. Tatsächlich, die Bremsen kreischten, und der Zug stand. Bei aller Enttäuschung, nicht in die Heimat gekommen zu sein, waren wir nun doch verblüfft, wo wir gelandet waren: Wir standen sage und schreibe auf einem Bahnhof in Moskau - der Metropole der großen Sowjetunion!

Trotz aller Depressionen war es nun doch eine gewissermaßen faszinierende Überraschung für uns, in Moskau gelandet zu sein. Ja, nach Moskau wollten wir doch; 1941 waren es nur noch 60 km bis zur Hauptstadt der Sowjetunion. Nur noch ein Katzensprung in damaliger Perspektive, als wir glaubten, als siegreiche Armee dort einrücken zu können. Und nun, 1947, sechs Jahre danach, hatten wir Moskau tatsächlich erreicht - nicht als Sieger, sondern als deprimierte Kriegsgefangene, als Faustpfand und Kriegsbeute der letztendlich siegreichen Roten Armee!

Die Waggontüren, die während der Fahrt vorsorglich von außen verriegelt worden waren, wurden geöffnet, und wir atmeten zunächst einmal befreit die frische Morgenluft. Man orientierte uns darüber, daß wir am Stadtrand von Moskau in ein neues Lager einziehen sollten. Wir durften die Waggons jedoch nicht verlassen. Am ganzen Zug entlang patroullierten bewaffnete Begleitposten.

Es wurde Mittag; Essen wurde ausgegeben, und dann sollten wir endlich unsere stickigen Güterwagen verlassen können - so hieß es wenigstens. Doch es kam wieder einmal ganz anders.

Es wurde Spätnachmittag, es wurde Abend, es wurde Nacht, und wir standen noch immer mit den Eisenbahnwagen auf den Schienen. Die Schiebetüren hatte man längst wieder geschlossen, nachdem man uns kurz und bündig hatte wissen lassen, daß die Kraftfahrzeuge zum Abtransport ins Lager nicht zur Verfügung stünden. Also nochmals eine Nacht im Mief! Es wurde wieder Morgen, es wurde wieder Mittag, wir warteten und warteten, und es tat sich immer noch nichts. Als es sogar wieder Abend wurde, trauten wir der Sache schon nicht mehr so recht, da mußte doch irgendetwas faul sein...

Es war auch etwas faul: Als es schon längst dunkel geworden war, ruckte es plötzlich, und unser Zug begann wieder zu fahren. Zunächst langsam, dann aber mit voller Kraft. Wir hielten den Atem an und wußten nicht, was dies bedeuten sollte. Wir wußten auch nicht, in welche Richtung unser Zug fuhr, ob nach Osten, Westen, Norden oder Süden, und verbrachten eine unruhige Nacht.

Am nächsten Morgen erfuhren wir von dem Verpflegungspersonal, daß die Unterkünfte in dem Lager bei Moskau noch nicht bezugsfertig gewesen seien und wir deshalb einem anderen Standort zugeteilt würden. Sonderbarerweise ging die Fahrtrichtung wieder nach Westen - oder war es auch Norden? - doch etwa nicht wieder zurück nach Riga? Nein, es war eine andere Strecke, und das große Rätselraten begann von neuem.

Fast zwei Tage waren wir wieder unterwegs, als unser Zug auf einem größeren Bahnhof einlief. Doch, wo waren wir? Fast unglaublich, was wie ein Lauffeuer durch die Waggons ging: Wir sind in Leningrad! Es war so, und es hieß, daß wir hier endgültig ausgeladen werden sollten. Doch in dieser Fahrt schien der Wurm zu sein: Wir warteten wiederum von morgens bis mittags, bis abends und wiederum eine ganze Nacht bis zum Morgen. Von Ausladen war nichts zu sehen und nichts zu hören, und Aussteigen war strengstens verboten. Was war los?

Gegen Mittag ging die Parole um, Leningrad wäre sozusagen ein „falscher Irrtum“ gewesen, und man hätte dort auch keine Unterkünfte für uns. Es war nicht zu glauben, wie diese „sozialistische Planwirtschaft“ funktionierte! „Ja, zum Henker, schickt uns doch nach Hause, wenn ihr nicht wißt, was ihr mit uns tun sollt!“ - so dachten wir laut.

Aber nein, es wäre ja zu schön gewesen. Stattdessen ging es wieder retour, den gleichen Schienenweg zurück, den wir gekommen waren. Ja, liebe Leser, Sie müssen es mir schon abnehmen, es ist die reine Wahrheit: Wir fuhren wieder zurück nach Moskau, weil die Unterkünfte inzwischen bezugsfertig geworden waren. Unglaublich, aber wahr! Inzwischen war es Ende November geworden; über zwei Wochen waren wir auf der Schiene unterwegs, als wir wieder auf dem Bahnhof in Moskau ankamen.

Unsere Irrfahrt schien nun tatsächlich zu Ende zu sein; es dauerte nicht lange, bis die LKW´s ankamen und uns in ein Lager am Stadtrand von Moskau brachten. Zunächst waren wir froh, daß wir der Enge und dem Mief der Eisenbahnwagen entronnen waren und unsere Lungen wieder Sauerstoff tanken konnten. Unser neues Lager war, wie die bisherigen auch, abgeschirmt und eingerahmt mit Stacheldraht und Wachttürmen. Was wird uns hier erwarten? Das war die große Frage!

Am Stadtrand von Moskau

1947 -1949

Man sah schon von weitem: ein riesiger Geländekomplex direkt neben dem Lager, mit Fundamenten und Markierungen durchzogen - eine Großbaustelle! Hier sollte ein großes Kohlenversuchsinstitut entstehen, und dazu brauchte man viele Arbeitskräfte. Man fand sie reichlich in den Gefangenenlagern, und außerdem waren sie preiswert. Aus weitem Umkreis - wir kamen ja sogar aus dem Baltikum - füllte man dieses neue Lager am Stadtrand von Moskau mit einigen Tausend Plenies zum Bau des Kohlenversuchsinstitutes.

Nachdem man uns die Unterkünfte zugewiesen hatte, begann man bereits, die neuen Arbeitsbrigaden zusammenzustellen: natürlich wie immer nach Berufsgruppen. Mein Beruf als „Federhalterstemmer" war natürlich wieder nicht gefragt. Doch diesmal, so sagte ich mir, weißt du, wie der Hase läuft, also: Holzauge, sei wachsam!

Zunächst grinste ich mir einen, als sich mein neugewonnener Freund Otto Kraski als Holzfachmann meldete, wo ich doch genau wußte, daß er nie eine „Holzwurmlehre" mitgemacht hatte und von zu Hause aus Landwirt war. „Sieh an", dachte ich, „so geht´s auch". Otto kam sogar in die Werkstatt, wo Verschalungen für Fundamente, Betonstützen, Fenster und Torbögen hergestellt wurden. Ein guter Job, wie sich später herausstellen sollte, er wurde sogar als Spezialist geführt, was ihm Rubelscheine einbrachte.

Es war leider keine große Auswahl, sich als „Spezialist" zu präsentieren, ohne das Risiko einzugehen, faustdick geschwindelt zu haben. Unter den verbleibenden Möglichkeiten meldete ich mich als fachkundiger Maurer. Diejenigen, die mich kannten, feixten natürlich, jedoch ohne mich zu kompromittieren.Der Brigadier der Maurerkolonne, ein

Moskau Roter Platz mit Basiliuskirche

früherer selbständiger Maurermeister, hatte mich natürlich nach einigen Tagen durchschaut. Da ich mich aber gar nicht so dumm anstellte, behielt er mich und brachte mir noch so einiges in dieser Branche bei.

In der Hauptsache verarbeiteten wir Sandziegelsteine, genau solche, die wir in Riga in der Ziegelei hergestellt hatten. Da man von uns auch hier eine bestimmte Norm an Leistung, das heißt an Mauerwerk, erwartete, konnte natürlich nicht so pedantisch genau Stein auf Stein gesetzt werden. Den Mörtel trugen wir nicht einzeln mit der Kelle auf, sondern mit der Schaufel, und dann ging es zack, zack, Stein auf Stein.

Es war bereits Dezember 1947, und es wurde bitter kalt. Bei uns in Deutschland wären die Bauarbeiten, insbesondere die Maurer- und Betonierarbeiten, längst eingestellt worden. „Nitschewo" hieß es hier: Man kann auch mauern, wenn es friert! Wir schüttelten zunächst die Köpfe; doch man zeigte uns, wie wir es machen sollten:

Die trockene Mischung wurde bis zur Arbeitsstelle gebracht und dort mit warmem, bzw. heißem Wasser verrührt. Nun mußte es schnell gehen: Die Mischung auf die Mauer, die Steine drauf, die natürlich gleich richtig sitzen mußten, denn im Nu waren sie schon angefroren! Erst bei 28 - 30° Kälte wurde das Mauern eingestellt. Ich erzähle hier wirklich keine Märchen, es war tatsächlich so, und es kann noch von einigen ehemaligen Kameraden, die seinerzeit dabei waren, bestätigt werden. Wir sagten zwar damals schon: „Ob das mal hält, wenn der Sommer kommt?" Nun, so lange wir dort gearbeitet haben, hielt unser Mauerwerk! Was später daraus wurde, entzieht sich meiner Kenntnis.

Die Verpflegung im Moskauer Lager war überraschend gut, besser als in Riga. Die Norm war natürlich auch hier: morgens und abends je einen halben Liter Suppe, 300 Gramm Brot und 30 g Zucker. Außerdem war das Dazu-verdienen von Rubeln genereller geregelt, so daß wir uns in einer

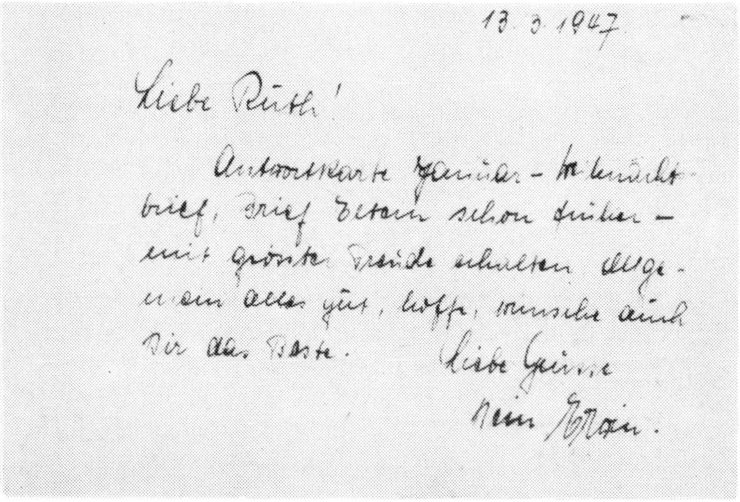
13. 3. 1947

Liebe Ruth!

Antwortkarte Januar-Weihnachtsbrief, Brief bekam schon früher – mit größter Freude erhalten. Allgemein alles gut, hoffe, wünsche auch Dir das Beste.

Liebe Grüsse

Dein Erwin.

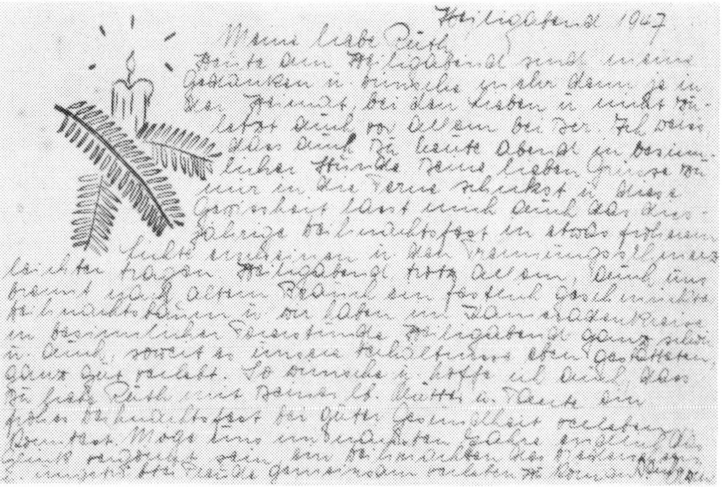
Heiligabend 1947

Meine liebe Ruth

Heute dem Heiligabend sind meine Gedanken u. Wünsche mehr denn je in der Heimat, bei den Lieben u. nicht zuletzt auch vor allem bei Dir. [illegible]

Kriegsgefangenenpost 1947

Kantine, was wir bisher auch nicht gekannt hatten, vor allen Dingen zusätzliches Brot kaufen konnten.

Weihnachten 1947 stand vor der Tür, das dritte Weihnachten in russischer Kriegsgefangenschaft. Alle Hoffnungen auf ein Weihnachten in der Heimat waren längst dahin. So blieb uns als winziger Trost, daß wir unser trautes Fest sogar mit einem festlich geschmückten Weihnachtsbaum verleben konnten. Eine besinnliche Feierstunde an Heiligabend ließ unsere Gedanken, Träume und Wünsche natürlich mehr denn je in die Heimat wandern. Und immer wieder stellte sich uns die große Frage: Wie lange müssen wir noch büßen? Wann wird endlich der Tag der Heimkehr kommen? Werden wir unsere Heimat jemals wiedersehen?! Aus einer solchen Gemütsverfassung heraus entstand mein Gedicht „Die große Frage“.

Wie bereits erwähnt, war das Warten erträglicher geworden durch die Briefe aus der Heimat, Post meiner Eltern und ganz besonders von Ruth. Ihre Briefe gaben mir immer wieder Kraft und neuen Mut und die Hoffnung auf ein glückliches Wiedersehen. Sie war schon ein prächtiges Mädchen, das so treu zu mir hielt, obwohl wir uns nichts versprochen hatten. Sie lebte in der Großstadt Wiesbaden, war berufstätig bei der Post, so daß es bestimmt nicht an Gelegenheiten fehlte. Ich war froh und dankbar für ihre vielen lieben Briefe, die mich immer wieder hoffen ließen.

Im Januar 1948 ergab sich die Gelegenheit zu einem kurzfristigen Arbeitseinsatz in der Innenstadt von Moskau. Schließlich wollte ich die russische Hauptstadt nicht nur am Rande erleben; und so sagte ich mir, „wenn schon, denn schon“, und meldete mich zu diesem Kommando. Wir waren eine kleine Gruppe von sechs Mann und wurden in der Stadtmitte von Moskau zum Aufstocken von älteren Wohnhäusern eingesetzt. Wir mußten zwar hart arbeiten, doch die mit uns arbeitenden Zivilrussen waren menschlich ganz hervorragend und versorgten uns mit zusätzlicher Verpflegung.

Die große Frage

*Wenn Abendschatten sanft sich breiten
zart wie ein Schleier übers Land,
dann wieder ist ein Tag beim Scheiden,
den ich soeben erst gekannt !*

*Und doch: Oh, würden diese Tage
viel schneller noch vor mir entschwinden,
denn einmal muß die große Frage
mich aller Ungeduld entbinden !*

*Dort, wo die Sonne nun versinkt
und mich zum letzten Male grüßt -
ja ,dort mir auch die Heimat winkt,
doch wann, wenn ich´s nur wüßt´ !*

*So sitze ich, verträumt, versunken,
den Blick im letzten Sonnenschein,
das Abendrot, das bald entschwunden,
hüllt mich in wache Träume ein !*

*Und diese letzte Abendstunde
hab´ ich zur Andacht mir erkoren:
Ich bin nicht hier in fremder Runde,
ich bin daheim, im Traum verloren!*

*Dann geh´ ich still den Weg zurück,
den Abendschatten schon umhüllen,
und bittend hebe ich den Blick:
Laß meine Bitte sich erfüllen !*

Moskau 1948

Es bestand also nicht nur ein gutes Arbeitsklima, sondern auch eine Atmosphäre des Vertrauens und gegenseitiger Achtung. Wir wurden nicht angetrieben und nicht ausgenützt; die Russen packten selbst mit zu und hatten deshalb Verständnis dafür, daß zwischendurch auch mal Pausen notwendig waren.

Außerdem vertrauten sie uns, so daß wir allein, das heißt jeweils immer einer ohne Aufpasser, in der nahegelegenen Geschäftsstraße einkaufen gehen konnten. Ich weiß es noch gut: Ich fühlte mich wie ein König, als ich das erste Mal allein und ohne einen Wachsoldaten durch die Straßen von Moskau ging. Ein Gefühl der Freiheit wurde in mir wach, ein Gefühl des Losgelöstseins von unsichtbaren Ketten - doch schon wurde ich in die Wirklichkeit zurückgerufen: Ich war an dem Einkaufsladen angelangt und kaufte für meine Kameraden und mich einige Dinge ein, die wir im Lager nicht bekamen. Wir verdienten ja inzwischen etwas Geld.

So war ich eines Tages auch wieder an der Reihe zum Einkaufen. Nachdem ich schon alles verstaut hatte, fiel mein Blick auf eine Flasche „Pihwo" (Bier). Wie lange hatte ich schon kein Bier mehr getrunken! Obwohl Alkohol jeglicher Art uns Plenies streng verboten war, konnte ich nicht widerstehen, eine Flasche Bier zu kaufen. Ich versteckte sie ganz zuunterst; denn ich wollte damit weder meine deutschen noch meine russischen Arbeitskameraden in Verlegenheit bringen. Ohne aufzufallen, brachte ich diese Flasche Bier ungeschoren durch das Lagertor.

Nach dem Abendessen steckte ich die Flasche Bier unter meine Jacke und ging zu meinem Freund Otto Kraski, der in einer anderen Baracke untergebracht war. „Sieh´, Otto, was ich habe" sagte ich und präsentierte ihm die Flasche Bier vor seiner Nase. Der bekam vielleicht Stielaugen! Wir teilten den Inhalt brüderlich und freuten uns wie zwei kleine Kinder an Weihnachten. Noch heute schwärmt Otto von dieser halben Flasche Bier, die natürlich längst nicht so gut war wie unser deutsches Bier. Dafür aber war es der erste Tropfen dieser Art seit Jahren.

Unsere Arbeitsstelle lag zwar mitten in der Stadt Moskau, wir hätten aber gerne verständlicherweise noch mehr von ihr gesehen. Wer weiß, ob uns jemals wieder eine solche günstige Gelegenheit geboten wurde! Also redeten wir mit unseren russischen Arbeitskollegen, die, nebenbei gesagt, besser deutsch als wir russisch verstanden, und baten sie, den Kraftfahrer, der uns zu und von der Arbeitsstelle transportierte, entsprechend zu beeinflussen, daß er uns auf der Heimfahrt so ab und zu ein bißchen durch Moskau fahren sollte. Eine Bewachung für unser kleines Kommando hatte man uns sowieso nicht mitgegeben.

Unser Fahrer war auch ein netter Kerl und legte einige Extrafahrten auf dem Nachhauseweg ein. So fuhren wir sogar öfters am Roten Platz mit der Basilius-Kathedrale und am Kreml mit dem Lenin-Mausoleum vorbei und über die große Moskwa-Brücke. Wir sahen das Moskauer Theater und sonstige Sehenswürdigkeiten dieser Millionenstadt, die ich aber nicht mehr alle namentlich im Gedächtnis behalten konnte.

So haben wir die Prachtstraßen von Moskau, aber auch die schmutzigen Seitenstraßen und Hinterhöfe gesehen mit all ihrer Armut und Primitivität. Aber warum sollte Moskau eine Ausnahme machen? In den übrigen europäischen Hauptstädten sah es nicht viel anders aus, wie ich viele Jahre später feststellen sollte.

Mitte Februar 1948 war die Aufstockung des Mehrfamilienhauses beendet und damit auch unser Stadtkommando. Wir wurden wieder unseren alten Arbeitsbrigaden zugeteilt, also am Bau des Kohlenversuchsinstitutes eingestzt.

Es war allerhöchste Zeit

Schon seit Tagen verspürte ich in der rechten Seite wieder wie schon früher stechende Schmerzen, die sich hauptsächlich bei größeren körperlichen Anstrengungen bemerkbar machten. Meine Vermutung ging zurück ins Öllager, wo ich mitunter beim Säckeschleppen diese Schmerzen verspürt hatte, die sich nun auch beim Stadtkommando beim schweren Heben wieder meldeten.

Es war Ende Februar 1948 auf der großen Baustelle des Kohlenversuchsinstitutes in bitterster Kälte: Nach der Mittagspause konnte ich nicht mehr; die Schmerzen in der rechten Seite waren so unerträglich geworden, daß ich nicht mehr weiterarbeiten konnte. So hockte ich zusammengekrümmt an einem offenen Feuer und wartete auf den Feierabend. Ich fühlte eine bisher nicht aufgetretene starke Schwellung in der Leistengegend und so starke Schmerzen, daß ich mich nicht mehr aufrecht halten konnte. So trugen mich einige Kameraden ins Lager und direkt ins Krankenrevier. Inzwischen war die ärztliche Betreuung in den Gefangenenlagern doch schon wesentlich besser geworden. Ein Lagerarzt bzw. auch Ärztin wie in unserem Lager wurden untersützt durch deutsche Mediziner und ehemalige Sanitäter.

Ein junger deutscher Arztgehilfe - was er genau war, weiß ich nicht mehr - nahm mich im Revier in Empfang und hatte sehr bald festgestellt, daß es sich, wie ich selbst schon vermutete, um einen Leistenbruch handelte. Inzwischen war dieser Bruch faustdick angeschwollen; und der junge Mann versuchte mit Gewalt, den ausgetretenen Darm zurückzudrängen. Das war schlimmer als das Ziehen des Zahnes ohne Betäubung seinerzeit im Lager Riga! Es waren höllische Schmerzen; und ich schrie den Gehilfen an, diese Versuche einzustellen und die russische Ärztin zu verständigen.

Erst nach meiner Androhung einer persönlichen Beschwerde bei der russischen Lagerleitung bequemte er sich endlich, die Ärztin zu rufen. Sie kam und sah mit einem kurzen Blick meine prekäre Lage. Aufgeregt rannte sie ans Telefon: „Dawai, dawai!“ (schnell, schnell) und „Hospital“ hörte ich sie sagen und „Sofort ein Auto“. Doch da schien es Schwierigkeiten zu geben wegen eines Krankenwagens; soviel konnte ich aus dem in russisch geführten Gespräch herausfinden. Die Ärztin stapfte mit dem Fuß auf und rief energisch zurück: „Nitschewo - ganz gleich, was für ein Auto, aber dawai!“

Ich atmete auf und sagte ergriffen: „Baljschoje spassibo, Frau Doktor!“ Sie antwortete ebenso erleichtert: „Charascho, dosswidanija!“ (es ist gut, auf Wiedersehen). Sie wartete noch, bis das Fahrzeug kam, und ließ mir noch eine Decke nachreichen. Es war ein offener Lieferwagen, und da ich nicht sitzen konnte, legte man mich auf die offene Pritsche ohne Bewachung, ich hätte ja sowieso nicht fortlaufen können. Die Fahrt durch die Nacht kam mir unendlich vor; es war bitterkalt, und ich lag wie ein Häufchen Elend zusammengekrümmt vor Schmerzen auf dem Lieferwagen.

Nur ein eiserner Wille hielt mich bei Besinnung. Ich nahm schon mehr im Unterbewußtsein wahr, daß man mich irgendwohin trug, sah, wie durch einen Schleier, Menschen in weißen Kitteln um mich herumstehen. Apathisch ließ ich mich entkleiden. Doch dann sah ich die entsetzten Gesichter, als sie die inzwischen zum Platzen angeschwollene Geschwulst an meiner rechten Seite entdeckten. Ich hörte nur noch ein aufgeregtes „Dawai, dawai!“; und dafür war ich so unendlich dankbar, denn es war wirklich allerhöchste Zeit geworden.

Man hat es mir später bestätigt: Es war nur noch eine Frage von vielleicht wenigen Minuten, und es wäre endgültig zu spät gewesen! Ich bestätige gern bei dieser Gelegenheit, daß ich in diesem Krankenhaus mit ganz vorbildlicher Hilfsbereitschaft aufgenommen wurde und das Ärzteteam alles getan hat, was möglich war. Dafür bin ich heute noch sehr dankbar.

Nachdem man meinen akuten Zustand Gott sei Dank schnell erkannt hatte, dauerte es knapp zehn Minuten, und ich lag auf dem Operationstisch. Ich erwartete einen Arzt, doch ich sah nur Frauen um mich herum. Ich war wieder hellwach; eine respektable Dame schien die Chirurgin zu sein, eine weitere die Assistentin; eine andere hielt mir den Kopf, und noch eine Dame kontrollierte meinen Puls. Sodann spannte man ein Tuch senkrecht vor meine Augen - eine „Spanische Wand" soll man so etwas nennen. Mir ahnte nichts Gutes, und ich dachte schon: Die werden dich doch wohl nicht ohne Narkose operieren? Es schauderte mich bei dem Gedanken, und schon wieder mußte ich an das betäubungslose Zahnziehen in Riga denken.

Und so reagierte ich auch schon ganz aufgeregt mit der Frage: „Nix Narkos?!" - „Njet - ninato", (nicht notwendig) sagte mir die Ärztin und deutete mir an, daß eine örtliche Betäubung vorgenommen würde. Was wollte ich machen? Total erschöpft von den bisherigen Strapazen spürte ich, wie man meine rechte untere Bauchseite sondierte und zwei Spritzen setzte. Nun vernahm ich Instrumentengeklimper und russische Vokabeln, die ich natürlich nicht verstand. Es folgte ein kurzer stechender Schmerz; das war der Moment, als man den herausgetretenen Darm zurückdrückte. Die Assistentin beruhigte mich mit einem zuversichtlichen „Charascho" und gab mir zu verstehen, daß nun wieder zugenäht würde. Ja, Gott sei Dank; es war wirklich so: Operation gelungen, Patient hat überlebt!

Erschöpft bin ich eingeschlafen. Schon früh morgens wachte ich auf: nicht wegen der üblichen Nachschmerzen, die bei solchen Operationen zwangsläufig eintreten; nein, es war eine bittere Kälte, die mich in dem Krankenbett, in dem man mich untergebracht hatte, aufwachen ließ. Automatisch klapperten mir die Zähne, ob ich wollte oder nicht, genauso wie damals, als ich in die kalte Düna gefallen war.

Ich lag mit noch zwei russischen Patienten in diesem kalten Zimmer, in dem die Heizung ausgefallen war. Als Plenie konnte ich verständlicherweise keine großen Proteste vorbringen, was auch nicht notwendig war; dafür sorgten meine zwei russischen Zimmergefährten nachdrücklich und lautstark.

So wurde ich in ein anderes Zimmer verlegt, zwar mit acht Betten, dafür aber mit funktionierender Heizung. Trotz der Acht-Mann-Belegung war es gemütlich in diesem Zimmer; vor allen Dingen meine russischen Mitpatienten waren sehr zuvorkommend und ließen mich nicht fühlen, daß ich einst ein Krieger gegen ihr Land gewesen war.

Sie halfen mir, wo sie konnten; und wenn ich zur Toilette mußte, stützten sie mich, ohne daß ich sie darum bitten mußte. Die ersten Tage waren verständlicherweise noch schmerzhaft, besonders dadurch, daß ich mir während des Transportes auf dem offenen Lieferwagen und in der ersten kalten Nacht eine Erkältung zugezogen hatte, so daß ich beim Husten glaubte, tausend Nadelstiche wären in meiner rechten Seite.

Doch nach vier bis fünf Tagen ließen auch diese Schmerzen nach, und ich konnte mir schon wieder selbst helfen und im Zimmer und auf den Fluren ein wenig herumspazieren. Ich war doch neugierig, wie dieses Hospital, das in irgendeinem Stadtteil von Moskau lag, von innen aussah. Da ich bisher Gott sei Dank noch keinen längeren Besuch in einem deutschen Krankenhaus in Anspruch hatte nehmen müssen, fehlte ein echter Vergleich. Es kann jedoch nicht viel Unterschied bestanden haben; es waren Mehrbettzimmer wie bei uns auch; sogenannte „Klasse-Zimmer“ konnte ich keine feststellen. Als Plenie wäre ich dafür wohl auch kaum in Frage gekommen!

Eines Tages führte mich mein Bett-Nachbar, ein junger Russe, zu einer deutschen Patientin in der Frauenabteilung. Ich folgte zunächst zögernd der sehr drängenden Aufforderung und stand dann am Bett eines bildhübschen, dunkelhaarigen Mädchens, das mir mit fiebrigen Augen entgegensah. Doch sie war bei klarem Verstand und auf meinen Besuch vorbereitet, und sie wußte, daß ich deutscher Kriegsgefangener war und damit ein Leidensgefährte wie sie. Ich nahm ihre heiße Hand, und sie sagte leise mit Tränen in den Augen: „Ich heiße Eva, und es gibt keine Hoffnung mehr für mich, meine Tage sind gezählt!“ Ich war erschüttert und erfuhr von diesem erst neunzehn Jahre alten Mädchen erstmals, was sich in den von den Russen besetzten Gebieten abgespielt hatte.

Eva kam aus Ostpreußen und war eines Morgens, wie alle Frauen und Mädchen ab 15 Jahren, zusammengetrieben und nach Rußland deportiert worden. - Wir hatten wohl davon gehört, daß es auch deutsche Frauenlager geben sollte, wußten aber nichts Genaues. Diese Frauen und Mädchen wurden in der Torfgewinnung eingesetzt. Tag für Tag mußten sie unter härtesten Bedingungen ihr Soll in Sumpf und Moor erfüllen. Sie standen fast immer mit ihren Füßen im kalten Wasser. Die unausbleiblichen Folgen waren Unterleibserkrankungen und Malaria.

Eva war im akuten Stadium malariakrank und bereits vom Tode gezeichnet. Ich besuchte sie nun jeden Tag, und ein Lächeln überzog ihr bleiches Gesicht, wenn ich kam. Wie war sie so froh, wenn sie mich sah, wenn ich ihre fiebrige Hand hielt; und ich kam mir vor wie eine Mutter, die ihrem todkranken Kind Mut zusprach. Das Herz tat mir weh bei dem Gedanken, daß ein bisher so blühendes Menschenleben einsam und verlassen, ohne die Mutter, ohne den Vater Abschied nehmen sollte von dieser Welt. Sie war doch noch so jung!

Von Tag zu Tag ließen ihre Kräfte nach, und dann kam mein letzter Besuch.

Ich hielt zum letzten Mal ihre fiebrigen Hände, die sich wie haltsuchend in den meinen vergruben, als wollten sie sich festhalten wie an einem Steg in stürmender Flut. Ich konnte mich der aufsteigenden Tränen nicht mehr erwehren, da ich zu genau wußte, daß es für dieses Mädchen keine Hoffnung mehr gab. Noch am gleichen Abend schloß sie für immer die Augen.

Ich mußte noch oft an diesen Abend zurückdenken und an das „Warum und Weshalb"! Ich mußte noch oft über den Sinn des Lebens nachdenken und ob es überhaupt einen Sinn gibt, geboren zu werden und zugleich auch wieder Abschied zu nehmen von dieser kaum wahrgenommenen Welt!

Meine Bruchoperation verheilte gut, und so wurde ich nach rund vierzehn Tagen Aufenthalt im Hospital wieder in mein bisheriges Lager entlassen. Viele meiner Lagerkameraden schauten mich ganz verwundert an, als käme ich von einem anderen Planeten. Das kam aber daher, daß nach meinem plötzlichen spätabendlichen Abtransport so allgemein und nicht ohne Grund nach den bisherigen Erfahrungen resümiert wurde: Den werden wir wohl auch nicht mehr wiedersehen!

Doch ich kam wieder; und alle, die mich kannten, freuten sich mit mir. Auch die junge russische Ärztin, die sich so energisch für mich eingesetzt hatte, freute sich, als ich mich bei ihr zurückmeldete. Ich hatte bisher wenig mit ihr zu tun gehabt und an dem fraglichen Abend kaum wahrgenommen, wie sie überhaupt aussah! Doch nun hatte ich Ursache, sie mir genauer anzuschauen; denn sie hatte ein großes „Dankeschön" verdient.

Im Gegensatz zu der mütterlichen und rundlichen jüdischen Ärztin des Zementlagers in Riga hatten wir es hier mit einer jungen, schlanken Russin zu tun, die außerdem noch hübsch war. Man konnte sich schon begeistern für so eine Frau, ganz besonders, wenn sie sich vorbildlich für uns arme Schlucker einsetzte.

Zunächst wurde ich noch mit leichten Innendienstarbeiten im Lager beschäftigt. Nach ca. vier Wochen ging es wieder auf die große Baustelle „Kohlenversuchsinstitut". Inzwischen war auch wieder Post eingetroffen, und ich konnte mich über einige Briefe aus der Heimat freuen. Doch es waren nicht immer gute Nachrichten. Von meinem Bruder Franz, der seit 1944 als vermißt gemeldet war, hatten meine Eltern immer noch kein Lebenszeichen erhalten. Das gleiche traf für viele Schulkameraden, Freunde und Verwandte zu, von denen man seit Jahren nichts mehr gehört hatte .

So ging der Sommer 1948 dahin ohne besondere Höhepunkte. Schon über drei Jahre war der Krieg beendet; und noch immer kein Schimmer einer Hoffnung auf eine baldige Heimkehr! Depressionen, Verzweiflung und Niedergeschlagenheit machten uns allmählich mehr und mehr zu schaffen. Bei allem Optimismus, durchzuhalten, sich nicht unterkriegen zu lassen, wurde doch immer wieder die große bange Frage nach dem „Wann" in uns laut.

Wir glaubten schon längst nicht mehr den immer wieder bewußt in Umlauf gesetzten Parolen auf eine baldige Entlassung. Wir fürchteten viel eher, solange Wiedergutmachung in der Sowjet-Union leisten zu müssen, bis dafür auch der allerletzte Stein gesetzt war.

Das Leben hat ein Ende,
der Kummer nicht!

Jong Jol

Moskau: Baustelle Kohlenversuchsinstitut

Auf dem Nullpunkt

Es war im August 1948 und wieder einmal Postempfang. Ich freute mich, daß auch für mich etwas dabei war: ein Brief von Ruth. Eigentlich hatte ich auch einen Brief von meinen Eltern erwartet, es gab ja immer noch höchstens einmal im Monat Post. Ich hob mir das Lesen des Briefes bis nach dem Abendessen auf. Es war immer wieder eine feierliche, innige Andacht - das Lesen der Briefe aus der Heimat.

So war es auch diesmal; ich setzte mich ab vom üblichen „Barackenlärm", um meinen Brief zu lesen. Doch bereits nach den ersten Zeilen ließ ich das Briefblatt sinken, wischte mit der Hand über Augen und Stirn, als wollte ich verdrängen und wegwischen, was ich soeben gelesen hatte. Ich las es noch einmal und bestimmt noch zehnmal: „... und so muß ich Dir leider die traurige Mitteilung machen, daß Dein Vater tot ist."

Es war für mich ein harter Schlag; der Krieg war schließlich vorbei und mein Vater erst siebenundfünfzig Jahre alt. Natürlich, gegen den Tod ist niemand gefeit, doch mir kamen Bedenken und Zweifel über diesen plötzlichen Tod. Ich ahnte schon damals, daß es eine Besonderheit um diesen Tod gab. Ich sollte mich in meinen Ahnungen nicht getäuscht haben.

Meine Mutter stand nun allein da mit einem landwirtschaftlichen Betrieb von zehn ha Land. Wie sollte sie das alles schaffen? Wie sollte ich ihr, wie konnte ich ihr hier, von Moskau aus, Tausende von Kilometern entfernt, als hilfloser Kriegsgefangener helfen?

Dieser hilflose Zustand des „Nichthelfenkönnens" steigerte mich in eine gefährliche Aggression und in ein Aufbäumen gegen die Fesseln der Gefangenschaft und gegen die persönliche Ohnmacht,nichts ändern zu können. Der Gedanke, meiner Mutter nicht helfen zu können, machte mich regelrecht krank: Sie, die mir in den vielen Jahren des Krieges und der Gefangenschaft mit so vielen herzlichen Briefen immer wieder Kraft und Hoffnung gegeben hatte - sie stand nun allein da mit ihrem Kummer und ihren Sorgen.

Ich war mit meiner Hoffnungslosigkeit auf einem Nullpunkt angelangt. Da ich körperlich immer noch in einer guten Verfassung war, konnte ich noch nicht auf eine baldige Entlassung hoffen. Solange man arbeitsfähig war, blieb man halt hinter Stacheldraht. Erst kürzlich war wieder ein Heimkehrertransport mit Dystrophie-Kameraden zusammengestellt worden.

Ich gönnte es ihnen natürlich, daß sich für sie das Tor der Freiheit geöffnet hatte. Ich mußte mich aber auch ganz ernstlich fragen, ob es nur noch diesen einzigen Weg gab, überhaupt noch einmal nach Hause zu kommen. Nach dreieinhalb Jahren schien es tatsächlich keinen anderen Weg mehr zu geben. Gesunde Kriegsgefangene waren bisher noch nicht heimgekehrt, jedenfalls nicht aus meiner Umgebung.

In einer solchen Phase der Depression und Niedergeschlagenheit trat ich in den Hungerstreik. Ich verschenkte meine Essensrationen und war bald nicht mehr ansprechbar und kippte erwartungsgemäß eines Tages vor Schwäche auf der Baustelle um. Wieder brachte man mich auf die Ärztestation bzw. in das Krankenrevier.

Die russische Ärztin, die schon einmal mein Leben gerettet hatte, erkannte mich auch sofort wieder, und ich schämte mich schon fast über die Ursache meines Zustandes. „Njet!“ sagte sie, „hier wird nicht kapituliert“; und sie schickte mich kurzerhand in ein Erholungslager. Ja, so etwas gab es inzwischen auch schon für uns Kriegsgefangene.

Nun, man päppelte mich dort wieder auf, und ich kam selbst zu der Einsicht, daß es letzten Endes wenig Sinn haben könnte, krank und elend nach Hause zu kommen oder schon vorher zu krepieren und nie mehr die Heimat zu sehen.

Also brach ich meinen Hungerstreik ab; ich aß und trank wieder, was dieses Erholungsheim zu bieten hatte. So hatte sich doch manches zum Guten gewendet: 1945 hätte kein Hahn danach gekräht, ob ein ehemaliger deutscher Landser sich selbst ruinieren wollte oder nicht.

Ich kam nach zwei Wochen wieder ins Lager zurück. Ich war nun über den toten Punkt hinweg und engagierte mich wieder mehr in der Freizeitgestaltung des Lagerlebens. Doch ganz entscheidend hierfür war der erste Brief meiner Mutter nach dem Tod meines Vaters.

Auch sie schien die schwersten Wochen überwunden zu haben und klammerte sich mehr denn je an meine baldige Heimkehr. Für mich war jedoch wesentlich zu erfahren, daß man sie nicht allein in dem großen Haus sitzen ließ. Ein ehemaliger Kriegskamerad meines Vaters aus dem ersten Weltkrieg ließ sie nicht im Stich; er kam sofort und half ihr bei den schwersten Arbeiten, solange es notwendig war. Hinzu kam ihre ledige Schwester Anna, die es sich nicht nehmen ließ, meiner Mutter in treuer Verbundenheit beizustehen, und bei ihr blieb, bis ich nach Hause kam. Sie dachte allerdings nicht, daß dies noch über ein Jahr dauern sollte.

So halfen diese beiden Menschen meiner Mutter über die bitterste Zeit und vor allem auch über das Alleinsein hinweg. Wie bin ich ihnen heute noch so dankbar für diese treue Hilfsbereitschaft!

Nun sah die Welt schon etwas anders aus: nicht gerade rosig, aber doch wieder hoffnungsvoller. Ich traf mich auch wieder öfters nach Feierabend mit meinem Freund Otto, und es war irgendwie eine Fügung des Himmels, daß ich gerade ihn näher kennengelernt hatte.

Otto stammte aus Ostpreußen, das nun polnisch war. Obwohl seine Eltern und sein jüngerer Bruder noch dort wohnten, betonte er immer wieder, daß er nie dorthin zurückkehren werde, er wolle in den Westen. Ich hatte ihm schon angeboten, falls es einmal soweit sein sollte, dafür meine Heimatadresse anzugeben.

Auf diese Gespräche besann ich mich nun; und mir kam eine Idee, die mich nicht mehr los ließ: Otto war Landwirt von zu Hause aus; doch dorthin nach Ostpreußen konnte und wollte er nicht mehr zurück. Es war inzwischen auch bei uns bekannt geworden, daß man die in den von Polen beanspruchten und besetzten Gebieten ansässigen Deutschen größtenteils vertrieben und ausgewiesen hatte.

Was lag also näher, als meinem Freund Otto den verwaisten Hof meiner Eltern als vorläufige Bleibe anzubieten. Damit wäre zunächst ihm und auch meiner Mutter geholfen. Alles Weitere würde sich dann schon finden! Ich war so begeistert von dieser Idee, daß ich es kaum erwarten konnte, mit Otto darüber zu sprechen und ihm schon ganz konkret meine Vorstellungen darzulegen: Er freute sich über mein Anerbieten und sagte bedächtig: „Ich glaube schon jetzt sagen zu können, daß ich von deinem Angebot Gebrauch machen werde!“ So schmiedeten wir Pläne für eine gemeinsame Zukunft; sie waren fast zu schön, um wahr zu werden. Wir ahnten nicht, - und konnten nach so vielen Enttäuschungen auch nicht so recht daran glauben, - daß diese Träume und Hoffnungen in Erfüllung gehen sollten. Doch es geschehen immer noch Zeichen und Wunder, damals wie auch heute noch!

Wieder einmal gingen die Parolen um: Ältere und nicht mehr voll arbeitsfähige Plenies sollten entlassen werden! Es war wirklich so und nicht nur Parole: Es wurde ein Heimkehrertransport zusammengestellt. Ich wußte genau, daß ich nicht dabei sein würde, und war somit auch nicht besonders enttäuscht. Eine gewisse Enttäuschung war nur zu verständlich; sie wurde jedoch nebensächlich, als ich erfuhr,daß mein Freund Otto auf der Heimkehrerliste stand. Schon seit einiger Zeit war er in die Kategorie „Dystrophie“ abgerutscht, er wog gerade noch achtundneunzig Pfund. Das war für seine Größe wesentlich zu wenig, und so geriet er in die Gruppe der Untergewichtler bzw. Unterernährten.

Eigentlich sah er noch gar nicht so unterernährt aus, aber auf das Aussehen kam es schließlich nicht an. Ganz gleich, wie dem auch war, ich freute mich mit ihm über diese glückliche Fügung. Ich freute mich so unendlich, daß nun auch die Möglichkeit bestand, meiner lieben Mutter trotz der großen räumlichen Entfernung von Moskau aus bis zu meinem kleinen Hunsrücker Heimatdörfchen Heinzenbach vielleicht helfen zu können.

Als Entlassungsziel gab Otto zunächst die Anschrift seiner Schwester an, die bereits aus der ostpreußischen Heimat ausgewiesen und nach Schleswig-Holstein evakuiert worden war. Er versprach mir jedoch, in jedem Falle sich mit meiner Mutter in Verbindung zu setzen, zu ihr zu fahren und sie im Betrieb zu unterstützen, wenn es irgendwie möglich wäre. Mehr konnte er mir wirklich nicht versprechen. Damit war zunächst meine Wehmut mehr oder weniger vergessen, daß ich wieder nicht zu den glücklichen Heimkehrern gehörte.

So kam der Tag des Abschieds: Es war doch eine stattliche Anzahl Kriegsgefangener, die Anfang Oktober 1948 das Lager 10 in Moskau verlassen und die Heimreise antreten konnten. Ich verabschiedete mich von vielen Kameraden und ganz besonders natürlich von Otto; zugleich hatte ich die felsenfeste Zuversicht, daß wir uns bald wiedersehen würden. Vorsorglich gab ich ihm jedoch als besonderes Vermächtnis die Manuskripte meiner Gedichte mit, die hinter Stacheldraht entstanden waren.

Ja, es war Oktober 1948, als viele langjährige treue Kameraden und Leidensgenossen den Weg in die Freiheit und damit in die Heimat antreten konnten. Für uns Zurückgebliebene ging der graue Alltag weiter. Wir glaubten jedoch nicht, daß wir fast nochmals ein ganzes Jahr auf den Tag der Freiheit warten müßten. Wie gut wiederum, daß wir es nicht wußten!

Die russische Lagerleitung war sich darüber klar, daß durch die Aussortierung der Arbeitskräfte wieder ein moralischer Tiefpunkt im Lager eingetreten war. So versuchte man, die demoralisierten Plenies durch kulturelle Veranstaltungen bei Laune zu halten.Inzwischen hatte man sogar Kinoveranstaltungen, natürlich russischer Filme mit deutscher Übersetzung, arrangiert. Darüberhinaus gab es sonntags sogar Sportveranstaltungen, umrahmt von einer deutschen Lagerkapelle. Ich bin der Meinung, daß man auch diese Streiflichter des „Goodwill“ in einem russischen Kriegsgefangenenlager erwähnen sollte.

Im Hinblick auf das einmal wieder bevorstehende Weihnachtsfest wurde vieles getan, um die allgemeine Lagerstimmung zu heben. Das vierte Weihnachtsfest hinter Stacheldraht, das zweite Weihnachten in Moskau - wer hätte das gedacht? Immer wieder die gleichen bohrenden Fragen; sie ließen sich nun einmal nicht verdrängen.

Die große Sehnsucht nach so vielen Jahren der Entbehrungen und der Trennung gab diesem Weihnachten 1948 eine ganz besondere Mischung von Hoffnung und Hoffnungslosigkeit. Mehr denn je zuvor wanderten die Gedanken zurück in ferne Kindheitstage; Erinnerungen wurden wach an so viele frohe Weihnachten in der Heimat im Kreise der Eltern und Geschwister. In dieser Stimmung entstand mein Gedicht „Weihnachtserinnerung - Moskau 1948“

Kurz vor Weihnachten erhielt ich einen ganz bedeutsamen Brief von meiner Mutter. Mein Freund Otto, der zunächst gut bei seiner Schwester in Schleswig-Holstein angekommen war, kündigte meiner Mutter seinen Besuch direkt nach Weihnachten an. Das war für mich das schönste

Weihnachtserinnerung

Nun sitzen sie vereint im Kreise
Die Lieben um den Lichterbaum,
Und leis´ erklingt die alte Weise
so festlich durch den trauten Raum!

Ich seh´ dies Bild, als wär´ ich auch
Wie einst noch in der frohen Runde
Und lauschte nach gewohntem Brauch
Der altvertrauten Weihnachtskunde!

So wandern die Gedanken weit
Zurück in ferne Kindheitstage,
In frohbewegte Weihnachtszeit -
Heut deucht sie mir wie eine Sage!

Und doch, sie war nicht nur Vision,
Nicht nur ein Märchen, wie mir scheint,
Vor langen, langen Jahren schon
Da war sie einmal Wirklichkeit!

Und wieder Weihnacht - fern den Lieben,
das Herz noch immer sehnsuchtsschwer,
Auf´s neu jedoch ist mir geblieben
Die Hoffnung auf die Wiederkehr!

Moskau 1948

Weihnachtsgeschenk; und ich war schon fast sicher, daß es sich nicht nur um einen kurzen Anstandsbesuch, sondern um die erhoffte Hilfe für meine Mutter handeln würde. Mein guter Glaube wurde nicht enttäuscht!

Ich hatte natürlich meine Mutter rechtzeitig über meine Idee informiert, und so gab es auch keine Verlegenheit, als Otto sich eines Tages bei ihr meldete. Er wurde herzlich aufgenommen, und er nahm ihr sofort die große Last der landwirtschaftlichen Arbeit ab, die Bestellung der Felder, die Stallarbeiten, die Betreuung des Viehes ...

Es war eine große Genugtuung für mich, als mir meine Mutter schrieb, daß sie in Otto eine große Stütze gefunden hätte und sie mir hierfür sehr dankbar sei.

Ich war so froh und zufrieden, wie ich es selten hinter Stacheldraht war. Wenn ich auf der harten Holzpritsche im Moskauer Gefangenenlager die Augen schloß, dann glaubte ich, ein Wunder vollbracht zu haben - aus so weiter Ferne meiner Mutter helfen zu können.

Zu dieser für mich so erfreulichen Bestätigung erhielt ich gleichzeitig die Nachricht, daß Ruth die erstbeste Gelegenheit wahrgenommen hatte, durch einen Besuch bei meiner Mutter zunächst einmal Otto persönlich kennenzulernen und von ihm vor allen Dingen aus berufenem Munde von mir zu hören. Nun, er hatte schließlich genügend „Stoff" zum Erzählen und zum Berichten aus unseren gemeinsamen Leidensjahren.

Besuch der Antifa-Schule in Moskau

Für mich ging jedoch der alte Trott weiter. Weihnachten war verklungen, und das neue Jahr 1949 hatte begonnen. Alte Parolen mit neuen Auflagen über baldige Heimkehr wurden immer wieder bewußt in Umlauf gebracht, um die allgemeine Moral nicht ganz absinken zu lassen. Ansonsten: tagein und tagaus Arbeitseinsatz auf den Baustellen. Ob Sonne, Regen oder Frost, wir mußten hinaus zur Wiedergutmachung. Wir gingen bereits ins vierte Jahr seit Kriegsende, als hätten wir - die einfachen Soldaten - diesen Krieg verschuldet, als wären nur wir die Kriegsverbrecher, während viele andere überlebende Kriegsteilnehmer schon längst wieder glücklich zu Hause waren im Kreis ihrer Familien. So haderten wir mit dem Schicksal; wer konnte es uns verdenken?

Trotz aller guten Nachrichten von zu Hause fühlte ich, daß ich, wie auch viele andere Kameraden, einem weiteren moralischen Tief entgegenging. Wie so oft im Leben, sollte auch diesmal ein glücklicher Zufall von heute auf morgen meine Situation verändern:

Wegen einer kleinen, nicht bedeutenden Verletzung auf der Baustelle ging ich nach Feierabend zwecks Behandlung ins Krankenrevier. Ich hoffte zwar insgeheim, „Sie" wäre da, (damit meine ich die junge und auch hübsche russische Ärztin, die sich schon zweimal sehr für mich eingesetzt hatte), war aber trotzdem überrascht, als ich sah, daß sie tatsächlich anwesend war.

Als sie mich entdeckte, nickte sie mir zwar unmerklich zu, ließ mich aber sitzen, als wäre ich gar nicht mehr da, und behandelte zunächst alle anderen, die lange nach mir gekommen waren. Ich fragte mich schon zweifelnd, ob sie mir aus irgendeinem Grunde böse sei, obwohl ich mich in aller Form bei ihr für ihre Bemühungen bedankt hatte.

Doch als das Wartezimmer leer war und ich nur noch

alleine da war, fühlte ich, daß meine Beürchtungen unbegründet waren. Sie lachte mich an und sagte mir in ihrem, wenn auch etwas akzentreichen Deutsch, daß sie sich freue, mich wiederzusehen.

Ich spürte wieder einmal ihre wohltuende, menschliche Anteilnahme - oder war es schon etwas mehr? Warum hatte sie mich bewußt als letzten drangenommen, und warum nahm sie sich soviel Zeit bei der Behandlung meiner kleinen Verletzung? Dies alles schoß mir in Sekundenschnelle durch den Kopf, und ich war so verwirrt, daß es ihr aufgefallen sein mußte. War es ein Hauch von unausgesprochener Zuneigung, die mich irritierte?

Doch meine hübsche Ärztin blieb auf dem Teppich: Es war wohl auch besser so. Nach Abschluß der Behandlung sah sie mich nachdenklich und auch kritisch an. Dann fragte sie nach meinem Beruf und ob ich Lust hätte, für drei Monate eine deutschsprechende Schule in Moskau zu besuchen.

Ich dachte: „Warum nicht? Man kann schließlich nicht dümmer davon werden, auch wenn es sich um eine Antifa-Schule (antifaschistische Schule) handelt!“ (wie ich gleich richtig vermutete). Es ging ihr bestimmt nicht darum, mich politisch umzuschulen. Ich fühlte, daß sie mich mochte und sie mir wieder einmal helfen wollte.

Ich überlegte nicht lange und sagte zu. Als ich mich ganz herzlich bei ihr bedankte, schaute sie mir tief in die Augen - jedenfalls meinte ich das -, und es wurde mir ganz eigen zumute. Ja, sie war eine attraktive Frau, meine russische Ärztin, dazu noch jung und hübsch! Man konnte schon von ihr schwärmen und auch ein bißchen träumen. Nun, ich hatte allen Anlaß, von ihr zumindest begeistert zu sein, wenn ich nur an meine Bruchoperation dachte, bei der sie sich so energisch für mich eingesetzt hatte.

Ich war inzwischen zwar auch älter geworden mit meinen siebenundzwanzig Jahren, aber doch wohl immer noch jung genug, um, ganz besonders in dieser tristen Lageratmosphäre, schwärmen zu können von einer solchen prächtigen Frau. Als ich mich von ihr verabschiedete und mich nochmals bei ihr bedanken wollte, winkte sie ab und sagte: „Dosswidanija (auf Wiedersehen) nach der Schule - hier bei mir!“ Das hieß also, ich sollte mich bei ihr zurückmelden.

Ich ging in meine Baracke, froh über die bevorstehende Veränderung, aber auch nachdenklich über die Begegnung mit der Ärztin. Ich konnte auch mit niemandem darüber sprechen. Zwar hatte ich viele gute Kameraden, aber keinen, mit dem ich so vertraut war wie seinerzeit mit Otto Kraski oder noch früher mit Jupp Engels. Ich bin schlecht eingeschlafen an diesem Abend; so vieles ging mir durch den Kopf; so viele Fragen waren offen, auf die ich keine Antwort wußte.

Am nächsten Tag meldete ich mich, wie mir aufgetragen war, bei der deutschen Lagerleitung. Durch meine Mitwirkung bei kulturellen Veranstaltungen war ich dort gut bekannt. Man war schon informiert und hatte mich bereits vom Arbeitseinsatz freigestellt. Ich sollte mich für den nächsten Tag bereithalten. Ja, auf eine solche Frau konnte man sich wirklich verlassen!

Mit noch einigen Kameraden aus dem Lager ging es wie vorgesehen am nächsten Tag mit einem Mannschaftwagen in Richtung Moskau-City. Wo es genau war, weiß ich heute nicht mehr; jedenfalls stiegen wir vor einem großen Gebäudekomplex aus. Es war eine ehemalige Kadettenschule, wie wir später erfuhren. Zunächst stellten wir mit großer Genugtuung fest, daß es hier gutes Essen gab und auch gute Unterkünfte. Es waren keine endlosen Holzpritschen, auf denen wir die Nacht und die übrige Freizeit verbringen mußten, wie in den Lagern, sondern es waren kleinere Räume mit Doppelbetten - sogar mit einem Strohsack! Allein diese beiden Feststellungen hoben schon die Stimmung ganz wesentlich.

Ein ganz neuer Rhythmus begann für mich: Nach jahrelangem körperlichen Arbeitseinsatz in mannigfaltigen Tätigkeitsbereichen saß ich nunmehr auf der Schulbank und hatte Gelegenheit, mein geistiges Potential bzw. das, was noch davon übrig geblieben war, zu reaktivieren, auch wenn es hier in erster Linie darum ging, das politische Wissen zu erweitern.

Ich hatte zwar von vornherein nicht vor, einen Kommunisten aus mir machen zu lassen. Dafür hatte ich dieses System inzwischen zu gründlich kennengelernt, aber man kann letzten Endes nur ernsthaft mitreden, wenn man eine Sache kennt. Hier bot sich nun die Möglichkeit, den „Wissenschaftlichen Materialismus“ studienmäßig kennenzulernen.

Die Antifa-Schule unterstand dem sowjetischen Innenministerium und war aussschließlich mit politisch geschulten deutschen Lehrkräften besetzt. Sinn und Zweck dieser dreimonatigen Lehrgänge war es natürlich, politische Nachwuchskräfte heranzubilden, die zunächst in den Gefangenenlagern und später in der Heimat propagandistisch tätig werden sollten. Vielleicht, so dachte ich, gab es auch durch diese Hintertür eine Möglichkeit, nach Hause zu kommen.

Die Schule war in Klassen mit je zwanzig Schülern unterteilt; es gab Klassenlehrer, die nach einem genau vorgegebenen Lehrplan unterrichteten. Hauptleitfaden und Lehrbuch war die Geschichte der KPdSU (Kommunistische Partei der Sowjet-Union). Als Vorbilder und Vorkämpfer einer klassenlosen Gesellschaft machte man uns mit den politisch-ökonomischen Werken besonders von Marx, Engels und Lenin bekannt. Der wissenschaftliche Sozialismus als Vorstufe zum klassischen Kommunismus sei bald überschritten - so pries man uns die Wirtschafts- und Gesellschaftsordnung der Sowjet-Union. Gerade deswegen kam ich schon bald mit unseren deutschen Polit-Lehrern in diskussionsreichen Konflikt.

Ansonsten waren die Unterrichtsthemen interessant und auch lehrreich. Wir behandelten „Das Kapital“ von Marx, sein „Kommunistisches Manifest“, Schriften Lenins, weitere diverse Literatur in dieser politischen Richtung. Einen ganz besonderen Stellenwert nahm die „Philosophie des historischen und dialektischen Materialismus“ ein, wobei die naturwissenschaftliche, materialistische Weltanschauung als solche höchsten Rang besaß.

Für uns war dieser Themenbereich nach dem katastrophalen Zusammenbruch nationalsozialistischer Ideen schon interessant. Doch man merkte, daß gebrannte Kinder nicht mehr so leicht für neue politische Ideen zu gewinnen waren.

Ich muß bestätigen: Dieses Seminar war vom Aufbau her wohldurchdacht und konzipiert auf die psychologische Aufnahmebereitschaft von Menschen, die zwischen dem Gestern und Heute standen. Wir waren nicht fähig und auch nicht in der Lage, in letzter Konsequenz darüber zu befinden: Ist Jesus Christus der Erlöser, oder ist Allah der Allseligmachende, oder sind die Buddhisten, die Hindus und all die anderen Andersgläubigen mit ihrer Lehre der Wahrheit am nächsten? Eine neue und uns bisher noch nicht in diesen Details bekannte Version wurde uns vorgestellt - die bereits erwähnte „Materialistische Weltanschauung“!
Doch zunächst zurück zum Tagesablauf: Wer geglaubt hatte, hier einen gemütlichen Lenz verbringen zu können und nur zuzuhören, was von den Dozenten vorgetragen wurde, der erlebte eine Enttäuschung.

Hier wurde jeder gefordert, ob er wollte oder nicht. Ein jeder wurde herausgefordert zu einer ganz persönlichen Darstellung seiner Denkweise, zu einer eigenen persönlichen Kritik, zu einer bisher unbekannten Thematik und mit einer bisher nicht gekannten Methodik. Ganz neu für uns und natürlich auch für mich war in diesem Seminar die hochstilisierte „Selbstkritik“, der sich jeder unterziehen mußte.

In der Praxis sah dies so aus: Man wurde vor die Klasse gestellt und erzählte seinen Lebenslauf. Das Wichtigste in dieser Selbstdarstellung war natürlich die politische Einstellung vor und während des Krieges und vor allen Dingen die jetzige Einstellung, nachdem das „Tausendjährige Reich“ mit seinem glorreichen Führer Adolf Hitler in Schutt und Asche lag. Für dieses brisante Thema als Lehrstoff auf einer politischen Schule habe ich heute noch volles Verständnis, und es war auch in vollem Umfang gerechtfertigt. Schließlich wurde von den deutschen Armeen die russsische Erde verbrannt, im Auftrage einer machtgierigen und verantwortungslosen Hierarchie.

Es war immer höchst interessant, wie einer nach dem anderen sozusagen als „Delinquent“ vor den Klassenkameraden seine Selbstkritik darstellte. Zu Anfang wurde verständlicherweise viel geflunkert; es wollte doch niemand mehr ein Nazi gewesen sein. Man war doch schon immer dagegen gewesen und erst recht heute! Natürlich sagte jeder vier Jahre nach diesem fürchterlichen Krieg: „Nie wieder Krieg!“ Diese Einsicht war bestimmt ehrlich und aufrichtig gemeint, doch die angebliche frühere Gesinnungseinstellung wurde durch sehr geschickte und natürlich schulisch-erfahrene Fragen unserer Dozenten sehr oft und eindeutig widerlegt. Wir standen dort wie ein aufgeblättertes Buch, in dem man nur zu lesen brauchte.

Ich war natürlich auch eines Tages an der Reihe. Man wollte nicht klug aus mir werden; das heißt, man wollte meine Vergangenheit und ganz besonders meine politische Einstellung nicht so akzeptieren, wie ich sie dargelegt hatte. Ich verschwieg nicht, daß ich im „Jungvolk“ war; warum auch nicht; ich hatte jedoch keinen Grund, etwas zu beichten, was nicht gewesen war. Zum Schluß wurde mir die Sache zu bunt - schließlich waren die Dozenten deutsche Kriegsgefangene wie wir auch -, und so drehte ich den Spieß um und kritisierte meinerseits den Stil dieser Gehirnwäsche als anmaßende Übertreibung und Selbstgefälligkeit. Ich dachte schon, jetzt fliegst du von der Schule runter; man brach auch sofort die Diskussion ab und eröffnete mir, daß man mich vor den gesamten Seminar-Teilnehmern zur Diskussion vorstellen wolle. Doch ich wurde nie mehr daraufhin angesprochen.

Das Seminar neigte sich dem Ende zu. Der Abschluß dieser dreimonatigen politischen Schulung war zugleich der Höhepunkt: ein sechs Stunden langes Referat eines Königsberger Professors mit dem Thema „Materialistische Weltanschauung“. Ich muß zugestehen, daß ich bisher noch nie einen so faszinierenden und packenden politischen Vortrag gehört hatte.

Mit überzeugenden naturwissenschaftlichen und geschichtlich-philosophischen Ausführungen und fast simpel erscheinenden Beispielen aus der Natur stellte uns dieser Professor den dialektischen Materialismus als die einzig wahre Religion auf dieser Erde vor. Mit Zitaten von Hegel, Kant, Feuerbach, Marx und Engels untermauerte er die ökonomische Entwicklung einer revolutionären Umgestaltung der gesellschaftlichen Klassenverhältnisse, die nach Hegels Lehren unausweichlich sei.

Nach drei Stunden Referat gab es eine Pause mit lebhaften Diskussionen. Doch das letzte Drittel der sechs Stunden galt ausschließlich dem Thema „Religion“. Es würde zu weit führen, an dieser Stelle auf die atheistischen Dogmen dieser materialistischen Weltanschauung einzugehen, die von diesem Königsberger Professor - man muß es ihm lassen - gut an den Mann gebracht wurden. Der Beweis hierfür war ein Lehrgangsteilnehmer, ein gläubiger Katholik, für den nach diesem Referat eine Welt zusammengebrochen war. Sein Glaube an seine Kirche und seinen Gott war ins Wanken geraten.

Ich hatte Mühe, sah es aber als meine Pflicht an, diesem Kameraden wieder einigermaßen zum seelischen Gleichgewicht zu verhelfen. Letzten Endes hat sich der religiöse Glaube ohne fundamentalen Fanatismus große Verdienste im Zusammenleben der Menschen erworben. Bei verstandesgemäßer Anwendung könnte er noch mehr zum Wohle der Menschheit beitragen.

Das Seminar war zu Ende, es war eine schöne Zeit und eine Bestätigung für mich, daß mein Hirn doch noch nicht ganz ausgetrocknet war. Wir kehrten wieder in unsere jeweiligen Lager zurück und waren neugierig darauf, was nun folgen würde.

Die gefährlichste Weltanschauung
ist die Weltanschauung der Leute,
welche die Welt nie angeschaut haben.

Alexander von Humboldt

Die letzte Etappe

Es muß Mitte Juli gewesen sein, als ich mich bei der Lagerleitung wieder zurückmeldete. Gleichzeitig besann ich mich auf meine hübsche Ärztin, der ich ja versprochen hatte, mich auch bei ihr zu melden. Ich suchte eine günstige Zeit aus und hatte auch Glück, daß sie außer einem deutschen Sanitätsgehilfen, den sie gleich wegschickte, alleine war.

Ich bedankte mich nochmals bei ihr für diese letzten Endes doch erholsamen drei Monate in Moskau. Sie meinte auch, daß ich ganz gut aussehen würde. Das stimmte auch, ich fühlte mich nach dieser körperlichen Schonzeit wirklich fit und aufgemöbelt. Nachdem ich meinen Kurzbericht beendet hatte, sagte sie: „Ja, und was mache ich nun mit dir?!" Dabei sah sie mich so tiefgründig aus ihren bernsteinfarbenen Augen an, daß mir schon wieder ganz eigen zumute war. Herr Gott, sie war eine schöne Frau; aber ich war doch nach wie vor nur ein armseliger Kriegsgefangener, dem weibliche Wesen schon wie eine Fata Morgana in Erinnerung waren.

Doch sie war leibhaftig und stand so lebendig vor mir, so daß ich mich schon auf meine bescheidene Situation besinnen mußte. Sie war meiner Schätzung nach ca. fünfunddreißig Jahre; und deshalb konnte es eine Art mütterlicher Zuneigung, wie es bei der jüdischen Ärztin in Riga der Fall gewesen war, nicht sein. Da es mit der sprachlichen Verständigung etwas schwierig war, ist es eigentlich bis heute ein Geheimnis geblieben, was es wirklich war! Vielleicht war es ihre Art menschlicher Sympathie, die sie mir entgegenbrachte - ...

Nun, auf ihre Frage antwortete ich: „Am liebsten würde ich nach Hause fahren." Doch da wurde sie traurig, weil dies nicht in ihrer Macht stand. Sie orientierte mich darüber, daß es bisher so üblich war, daß alle Seminarteilnehmer in ein anderes Lager versetzt wurden, und daran könnte auch sie leider nichts ändern.

Doch dann ging sie zum ersten Mal auf dieses Thema ernsthaft ein. Sie hatte es bisher vermieden, mir bzw. auch meinen Kameraden konkrete Hoffnungen auf eine baldige Heimkehr zu machen. Doch nun deutete sie an, daß bis Ende dieses Jahres fast alle Kriegsgefangenen entlassen werden sollten. So etwas hatte sie noch nie gesagt; und sie sah auch, wie ein Hoffnungsschimmer in meinen Augen aufleuchtete. Ich glaubte an ihre Prophezeiung, obwohl ich schon so oft von solchen Voraussagen enttäuscht worden war.

Doch ganz eindringlich sagte sie mir in ihrem akzentreichen Deutsch: „Du kommst zunächst in ein anderes Lager; es wird weit weg von hier sein, doch" - und dabei hob sie den Zeigefinger - „nix unterschreiben, nix Dokument!" Den Sinn konnte ich nicht verstehen; ich wußte im Augenblick nicht, was sie damit gemeint hatte. Ich sollte jedoch zu gegebener Zeit daran erinnert werden.

Ich fühlte, daß es nun ein Abschied für immer war, ein Abschied von einer edlen, hervorragenden Frau. Sie sah nicht den Feind von gestern in uns, sondern den Menschen in seiner Not. In Dankbarkeit und Verehrung denke ich noch heute an sie!

Nach einigen Tagen Lagerdienst war es dann soweit: Es muß so um den 20. Juli gewesen sein, als wir zum Bahnhof transportiert wurden.

Ich saß mal wieder in einem Eisenbahnwagen; und man sagte uns auch offen, daß es weiter nach Osten ginge. Weiter nach Osten - das konnte ja nur der Ural oder sogar auch Sibirien sein! Doch ich hatte nochmals Glück; so weit rollten wir Gott sei Dank nicht, aber immerhin dreihundert Kilometer südostwärts von Moskau, nach Stalinogorsk. Damit entschwanden wieder einmal unsere Hoffnungen auf eine baldige Heimkehr. Trotzdem dachte ich an das letzte Gespräch mit der Ärztin.

Es war allerdings schwer für mich, noch weiter an ihre Prophezeiung zu glauben, als ich sah, wohin man uns verfrachtet hatte. E war ein Straflager für Deutsche und Russen zugleich, die in einem Kohlenbergwerk eingesetzt waren. Das hatte mir wirklich noch gefehlt: Arbeitseinsatz unter Tage. Bis zu hundert Meter fuhren wir mit dem Förderkorb bzw. Aufzug in die Tiefe. Es war ein primitiver Schacht, in dem das Wasser sturzbachähnlich an den Wänden herunterlief.

Im Schacht selbst arbeiteten deutsche Hauer bzw. Plenies, die als Hauer ausgebildet worden waren. Viele waren ehemalige Waffen-SS-Angehörige, darunter leider auch solche, die seinerzeit nicht freiwillig, sondern zwangsläufig zu diesen Verbänden dirigiert worden waren. Doch wie sollten unsere Sieger in dieser Hinsicht die Spreu vom Weizen trennen? Dies konnte man ihnen wirklich nicht zumuten; es wäre auch praktisch nicht möglich gewesen. Die SS-Divisionen waren für die Russen die bestgehaßten Truppenteile der deutschen Wehrmacht, teils nicht ohne Grund.

Besonders während des Angriffskrieges im ersten Jahr, aber auch noch danach, haben sich diese Totenkopfverbände durch besonders rücksichtslose und brutale Behandlung von Gefangenen und auch Zivilisten keine Ruhmesblätter erworben. Kein Wunder, daß die russischen Polit-Komitees diese ehemaligen SS-Soldaten generell absonderten und in besonderen Straflagern zusammenfaßten! Wie ihre Behandlung am Anfang dort war, entzieht sich meiner Kenntnis; jedenfalls wurden sie zu schwerer körperlicher Arbeit herangezogen. Natürlich war nicht jeder dieser Lagerinsassen ein Kriegsverbrecher. Doch es ging ihnen letzten Endes so wie uns allen: Sie mußten sühnen für die Kollektivschuld des deutschen Volkes!

Desweiteren befanden sich in diesem Lager Kriegsgefangene, die in anderen Lagern strafbare Handlungen und Delikte im Sinne der geltenden Vorschriften begangen hatten. Es gab Urteile, die über fünf bis fünfundzwanzig Jahre Straflager lauteten. Hierzu gehörten auch Russen, denen man entweder Kollaboration mit den Deutschen vorwarf oder die auch wegen sonstiger Vergehen verurteilt worden waren.

Die dritte Kategorie in dem Kohlenschacht waren russische Frauen und Mädchen, die man ebenfalls wegen Unterstützung und Zusammenarbeit mit den deutschen Truppen zu dieser harten Arbeit in der Grube verurteilt hatte. In Wirklichkeit waren diese Frauen und Mädchen größtenteils gezwungen worden, Dienste für die deutsche Wehrmacht zu verrichten, so z. B. an den Feldküchen, bei den Versorgungsstellen, bei den Trossen und besonders auch in Lazaretten und auf Verbandsplätzen. Sie taten uns leid, doch wir konnten ihnen nicht helfen.

Wir als Neulinge wurden zum Transport eingesetzt, zur Unterstützung der Frauen, die größtenteils auch diese Arbeit verrichteten. Wir schoben die Loren bis an die Abbauschächte heran, ließen sie mit Kohle füllen und transportierten die Loren sodann durch oft nicht beleuchtete Seitenstollen zum Hauptschacht. Von hier aus wurde die Kohle durch einen besonderen Aufzug ans Tageslicht befördert. An sich eine Arbeit, die nicht so schwer gewesen wäre, wenn die Loren nicht - was leider oft geschah - durch den schlechten Zustand der Anlage aus den Schienen gesprungen wären. Es war schon eine gehörige Kraftanstrengung notwendig, diese Loren dann wieder auf die Schienen zu bugsieren. Die ganze Anlage war ein primitiver Kohlenschacht, in den nichts investiert wurde, aus dem aber viel herausgeholt werden sollte.

Es war eine der Gesundheit bestimmt nicht zuträgliche Arbeit in der feuchten Grube, wobei sich der Kohlenstaub verständlicherweise zusätzlich unliebsam bemerkbar machte. Ich wurde nachdenklich und wieder mutlos in Anbetracht dieser verschlechterten Situation. Das war die Antifa-Schule nun doch nicht wert gewesen; es war ein

Kohlenschacht in Stalinogorsk

schlechter Tausch gegen das Lager Moskau - das mußte ich mir gerechterweise eingestehen. Die Verpflegung war zwar nicht schlecht; es gab sogar Sonderzulagen und auch Rauchwaren - Papirossa und Machorka. Doch die Grubenarbeit war hart und auch die Lageratmosphäre nicht besonders gut.

Es gab eine Art Lager-Hierarchie. Das waren im besonderen die Hauer, die inzwischen viele Rubel verdienten und sich deshalb auch viel leisten konnten. Hier traf das Sprichwort zu: Geld verdirbt den Charakter -; und so war dieses Lager schon keine klassenlose Gemeinschaft mehr, und von Kameradschaft war nicht sehr viel zu spüren.

Nach einer Woche wurde ich mit noch zwei weiteren ehemaligen Seminarteilnehmern zur Lagerleitung befohlen. Man eröffnete uns, daß wir die Möglichkeit hätten, aufgrund unserer Antifa-Ausbildung zur Betreuung der Lagerinsassen als Innendienst eingesetzt zu werden. Das hieß, daß wir nicht mehr in den Schacht einfahren müßten und außerdem auch die bessere Verpflegung in Anspruch nehmen könnten. Eine Bedingung wurde jedoch gestellt: Verpflichtung auf mindestens ein weiteres Jahr!

Meine Gedanken rotierten, und plötzlich sah ich sie vor mir, meine Ärztin im weißen Kittel, ihr schönes, aber ernstes Gesicht, als sie sagte: „Nix Dokument schreiben!" Da wußte ich - hellwach -, was sie damit gemeint hatte. Meine zwei Kameraden unterschrieben; das Angebot war natürlich verführerisch. Ich sagte „Nein!", und mußte dafür wieder Tag für Tag in den Kohlenschacht einfahren.

Doch bald kam die große Wende: Nach gerade vier Wochen in diesem Lager „Stalinogorsk" kam wie ein Blitz aus heiterem Himmel für einige Lagerinsassen die unglaubliche Order: Entlassung in die Heimat! Nur gedämpft war die Freude; es war mehr ein zaghaftes Hoffen; so oft schon wurden wir enttäuscht. Es ist mir heute noch schleierhaft, wieso ich auf einmal so schnell auf der Heimkehrerliste stand, nachdem ich doch erst vor vier Wochen nochmals um dreihundert Kilometer gen Osten verfrachtet worden war. Ob meine Ärztin hier wieder mitgemischt hatte? Je mehr ich heute darüber nachdenke, um so mehr glaube ich daran.

Jedenfalls hatte ich es ihrem ausdrücklichen Hinweis, das „Dokument" nicht zu unterschreiben, zu verdanken, daß ich mich nicht für ein weiteres Jahr verpflichtet hatte. Wie bereits beschrieben, war die Arbeit unter Tage in Feuchtigkeit und Kohlenstaub alles andere als angenehm; und wer wußte, wie lange man dort evtl. noch ausharren mußte?! So war es schon verständlich, wenn sich die beiden anderen Seminarteilnehmer anders entschieden hatten. Außerdem glaubte ich an die Prophezeiung meiner Moskauer Ärztin, noch in diesem Jahr heimkehren zu können. Sie ging wie ein Wunder in Erfüllung.

Die schönste Fahrt meines Lebens

Mit der Eisenbahn traf ich wieder in Moskau ein - es muß so um den 25. August 1949 gewesen sein -, nicht in meinem alten Lager, sondern in einem Durchgangslager. Es sah wirklich so aus, als sollte es tatsächlich nach Hause gehen; wir konnten es immer noch nicht so recht glauben. Zunächst wurden wir gründlich „renoviert“ wie nie zuvor; das heißt: zuallererst gings mit sämtlichen Klamotten in die Entlausung. Dann wurden wir neu eingekleidet aus ehemaligen Luftwaffenbeständen. Lange Zeit nahm die Registrierung und Gepäckkontrolle in Anspruch, sowie eine sehr gründliche ärztliche Untersuchung.

Wir wurden ganz besonders darauf hingewiesen, was nicht Bestandteil des Reisegepäcks sein dürfte: so vor allen Dingen keine Rubelscheine, Schriftstücke, zwielichtigen Urkunden und Dokumente, Antiquitäten und sonstigen besonderen Gegenstände, deren Herkunft zweifelhaft sein konnte.

Der deutsche Leiter dieses Durchgangslagers machte uns eindringlich darauf aufmerksam, diese Vorschriften unbedingt zu beachten. Es sei leider schon wiederholt der Fall gewesen, daß vorgesehene Heimkehrer wieder in die Lager zurückgeschickt wurden, weil sie verbotene Dinge im Gepäck mit sich führten. Man wies uns ferner darauf hin, daß bis zur deutschen Ostgrenze noch mit weiteren Kontrollen und gar Leibesvisitationen zu rechnen sei. Es stimmte nur zu genau, was man uns sagte.

Ich wollte kein Risiko eingehen und entledigte mich aller Dinge, die verdächtig sein konnten. Die meisten meiner Gedichte hatte ich bereits meinem Freund Otto mitgegeben, die er in einem doppelten Holz-Kofferboden untergebracht hatte. Als ich sah, wie streng man kontrollierte, machte ich mir Vorwürfe. Nun, es war Gott sei Dank gutgegangen.

Doch ich hatte noch das Bild von „Nelly“ in Postkartengröße, das ich auf jeden Fall behalten wollte. Das einzige Problem war eine Widmung auf der Rückseite mit Namen und Anschrift, die sehr deutlich mit Tinte geschrieben war. Ich wollte dieses Mädchen nicht noch einmal in Gefahr bringen wie seinerzeit mit ihrem letzten Brief anläßlich der plötzlichen Leibesvisitation im Öllager Riga.

So kratzte ich mit einem scharfen Messer das Geschriebene auf der Rückseite des Bildes aus, was auch gut so war, denn ich hätte damit unliebsam auffallen können. Leider hatte ich mir damit die letzte Möglichkeit einer späteren Kontaktaufnahme genommen. Obwohl ich mir die Adresse zwar eingeprägt, aber später nicht mehr aufgeschrieben hatte, entschwand sie mir in den Turbulenzen der nachfolgenden Jahre. Ich kann nur sagen, daß ich dieses Versäumnis noch heute sehr bedaure; ich hätte ihr gerne nochmals gedankt für diese schöne Zeit in Riga. Nun, ihr Bild brachte ich gut nach Hause, und ich habe es bis heute in Ehren gehalten.

Nach drei Tagen Zwischenstation in Moskau war es dann jedoch soweit: Transport zum Bahnhof und Abfahrt mit der russischen Eisenbahn! Nicht mehr gen Osten, sondern in die langersehnte Richtung Westen ging die Fahrt - die schönste Fahrt meines Lebens. Wie bereits erwähnt, waren wir gut darauf vorbereitet worden, daß es noch einige entscheidende Barrieren für die endgültige Entlassung zu überwinden galt: Die letzte Station - und damit auch die letzte Instanz auf sowjetisch beherrschtem Gebiet vor der Oder-Neiße-Linie - war ein Kontroll-Lager in Brest-Litowsk, der alten polnischen Festungsstadt. Wir erkannten bald: Hier gab es nichts zu flunkern und kaum etwas zu verbergen; und mir schauderte, als ich daran dachte, daß mein Freund Otto meine Gedichte in einem doppelten Holzkofferboden verstaut hatte! Alle Koffer dieser Art wurden nämlich genauestens nach einem doppelten Boden abgeklopft; und - wir konnten es eigentlich nicht begreifen - bei einigen Heimkehrer-Aspiranten holte man bündelweise Rubelscheine hervor. Das war natürlich das vorzeitige Ende der Heimkehr. „Zurück nach Moskau!“ - war das Urteil.

Um welche Kategorie von Plenies es sich handelte, die diese dicken Bündel von Rubelscheinen mit sich führten, war mir sofort klar: Es handelte sich um unsere sogenannten „Spezialisten“, die in den verschiedensten Berufszweigen, insbesondere im Handwerk, in Fabriken und anderen Produktionsbetrieben tätig waren, nicht zuletzt auch die „Aktivisten“ in Gruben und Zechen - sie alle hatten in den letzten Jahren der Kriegsgefangenschaft nicht schlecht verdient. Ausgeben konnten sie nicht alles, dafür gab es noch zu wenig zu kaufen.

Nun kam der Tag X - die Entlassung - und damit die große Frage: Wohin mit dem Geld? Sie hatten schließlich dafür jahrelang mehr oder weniger geschuftet; und nun sollten sie alles im Stich lassen? Es war schon verständlich, daß viele versuchten, ihre Rubelscheine durch die Kontrollstationen zu schmuggeln. Manchen ist es auch gelungen, aber viele andere hatten Pech und mußten zunächst noch einmal zurück nach Moskau. Was mit ihnen geschah und ob sie wieder in ein Arbeitslager zurück mußten, konnte ich nicht mehr verfolgen.

Noch deprimierender war für manche Kameraden die Folge ärztlicher Untersuchungen. Nachdem bereits in Moskau solche Untersuchungen durchgeführt worden waren, verstanden wir zunächst nicht diese nochmalige Körperschau.

Doch wir kamen bald dahinter: Man suchte ganz gezielt nach SS-Merkmalen auf dem Körper. Die Russen hatten längst herausbekommen, daß bei allen ehemaligen Waffen-SS-Soldaten die Blutgruppe unter dem linken Arm eingebrannt war. Viele haben versucht, dieses Merkmal durch selbstbeigebrachte Schnittwunden unkenntlich zu machen, damit es wie eine Verwundung aussehen sollte.

Auf der Endstation Brest-Litowsk gab es jedoch kein Wenn und Aber. Wer mit entsprechenden verdächtigen Merkmalen auffiel - auch wenn es wirklich nur ein früheres abgeheiltes Geschwür war -, wurde sofort aussortiert. Das Urteil war vernichtend: Zurück nach Moskau! Es ist mir heute noch unverständlich, daß die zuständigen russischen Instanzen in den vier und mehr Jahren Gefangenschaft diese SS-Identität nicht endgültig geklärt hatten.

Es war eine unmenschliche Zumutung für die Betroffenen. Wie waren sie so voller Freude auf die langersehnte Heimkehr - und dann diese eiskalte Dusche ganz kurz vor dem Ziel! Ich weiß nicht, ob alle diesen Schock verkraftet haben.

Ich dankte Gott, daß ich diese lezte Hürde ohne Schaden überstanden hatte und mich endgültig zu den glücklichen Heimkehrern zählen konnte. Es war ein herrrliches Spätsommerwetter Anfang September 1949, und paßte so richtig in unsere Stimmung, als wir am frühen Morgen von Brest-Litowsk abfuhren. Ja, es ging weiter nach Westen, der Freiheit entgegen...

Die nächste Station war Frankfurt an der Oder. Es gab nur noch strahlende Gesichter, denn nun war auch aus dem letzten Pessimisten ein Optimist geworden mit der festen Zuversicht: Es geht wirklich nach Hause! Ein unbeschreibliches Glücksgefühl durchströmte uns. Wir kamen ins Schwärmen, was wir alles zuerst und zunächst tun würden; wir redeten vom Essen und Trinken - aber am allermeisten von der Wiedersehensfreude mit unseren Lieben zu Hause.

Wir befanden uns zwar noch in der sogenannten Ostzone bzw. in der sich gerade etablierten DDR. Wir unterstanden jedoch nicht mehr offiziell den russischen Sicherheitsorganen. So wurden wir denn auch von den neuen, ostzonalen deutschen Behörden in Empfang genommen und auch von diesen - wie konnte es anders sein - politisch durchleuchtet.

Durch die politischen Informationsabende in den russischen Lagern waren wir über die Entwicklung der Nachkriegsjahre im ehemaligen deutschen Reichsgebiet bestens orientiert. Außerdem hatte ich auf der Antifa-Schule in den Diskussionsstunden reichlich Gelegenheit gehabt, mich intensiv mit diesen neuen Verhältnissen zu

Glückliche Fahrt in die Heimat

beschäftigen. Die neue DDR unter der Schutzmacht der Sowjet-Union war zwar noch in den Kinderschuhen - die erste Verfassung datiert vom 7. Oktober 1949 -; das politische Profil war jedoch schon längstens klar.

Ich wunderte mich, daß man so gut über meine Person Bescheid wußte; meine Personalakte war lückenlos mitgeliefert worden. So machte man mir auf Grund der von mir absolvierten Antifa-Schule das Angebot, in der DDR zu bleiben. Man würde mich in den Staatsdienst übernehmen, wenn ich mich verpflichten würde DDR-Staatsbürger zu werden.

Man machte mir natürlich routinemäßig dieses Angebot, das nämlich in erster Linie für die Heimkehrer gedacht war, die nicht mehr in ihre Heimat zurückkehren konnten, also aus den von Polen und Rußland annektierten Gebieten stammten. Als sie sahen, daß ich weit im Westen beheimatet war, hatte man auch Verständnis dafür, daß ich das „gutgemeinte Angebot“ dankend ablehnte.

Bis man uns im Durchgangslager Frankfurt durchgecheckt und uns vor allen Dingen die Errungenschaften der jungen DDR gepriesen hatte, vergingen zwei Tage. Das Lager konnten wir allerdings nicht verlassen, aber wir probierten das erste „Ostbier“ und freuten uns schon auf den Genuß. Doch das Bier schmeckte fad und flach, so daß wir mit dem ersten Glas schon genug hatten.
Durch Zufall traf ich in diesem Frankfurter Lager einen Heimkehrer aus meinem Nachbardorf Biebern, Heinz Adamus. Wir blieben zusammen bis zu unserem gemeinsamen Heimatbahnhof Simmern und haben auch heute noch Kontakt miteinander.

Es war am 1. oder auch 2. September 1949, als es per Eisenbahn weiterging zur nächsten Zwischenstation Eisenach, der Grenzstation DDR-BRD. In dieser alten Stadt hatten wir sogar schon freien Ausgang, und wir nutzten die Gelegenheit, „Luthers Wartburg“ zu besichtigen. Sogar der legendäre Tintenfleck an der Wand war zu sehen; ob es noch der echte war - das zu beurteilen blieb natürlich dem Besucher überlassen.

An dieser Stelle muß ich aus besonderem Anlaß in die jüngste Gegenwart zurückblenden: Es war ein reiner Zufall, daß ich nach einundvierzig Jahren, fast auf den Tag, diese letzte Station meiner Heimfahrt im sowjetisch beherrschten Ostdeutschland, die Stadt Eisenach und die Wartburg, wiedersah.

Das größte Wunder der Nachkriegszeit war gerade geschehen: Die Mauer war gefallen, die Grenzen zwischen Deutschen wieder geöffnet, eine Diktatur der Willkür und Gewaltherrschaft gebrochen.

Auf Grund dieses historischen und weltpolitischen Geschehens war es mir möglich,im Rahmen einer Wochenend-Busreise diese Stadt Eisenach und die Wartburg wiederzusehen. Ja, einundvierzig Jahre danach, ich konnte mich noch sehr gut entsinnen an diese Stadt und besonders an die Wartburg.

Es war mir mitunter bei diesem Wiedersehen, als wäre die Vergangenheit neu auferstanden, als wäre es gestern gewesen. Doch der Tintenfleck in Luthers Arbeitszimmer - er war nicht mehr da! Touristen sollen ihn angeblich als Souvenir immer wieder abgeschabt haben.

Doch nun zurück zur letzten Etappe meiner glücklichen Heimkehr: Nach einer letzten „Entlausung“ im Durchgangslager Eisenach ging es dann wieder zum Bahnhof: Abfahrt über die Zonengrenze, wie man sie damals noch nannte, nach Westdeutschland. Auch hier gab es inzwischen den neuen Staat: die BRD - die Bundesrepublik Deutschland - unter der Kontrollherrschaft der westlichen Siegermächte. Auch hier war politisch alles schon perfekt geordnet durch das Grundgesetz vom 23. Mai 1949.

Die nächste Station war Tuttlingen. Es war die letzte formelle Institution, von der wir endlich wieder in die persönliche Freiheit entlassen werden sollten. Zunächst jedoch waren noch übliche, wohl auch notwendige Formalitäten zu erledigen. Zum ersten Mal in meinem Leben hatte ich mit Amerikanern zu tun, die in diesem Entlassungslager Tuttlingen eine Kontrollstation eingerichtet hatten. Sie diente, wie ich bald herausgefunden hatte, nur dem Zweck, zu erfahren, wie es derzeit politisch und militärisch in der Sowjet-Union aussah.

Auf der politischen Weltbühne hatte sich inzwischen ja so einiges geändert. Es waren nicht mehr die befreundeten Waffengefährten des zweiten Weltkrieges; der kalte Krieg zwischen der Sowjet-Union und den Westalliierten war längst zur politischen Konsequenz geworden.

Am 6. September 1949 erhielt ich mein Entlassungsdokument - endlich wieder ein freier Mensch!

Die Freiheit ist eine Pflanze,
die schnell wächst, wenn sie einmal
irgendwo Wurzeln geschlagen hat.

George Washington

Glückliche Heimkehr

Da stand ich nun mit einem Entlassungsdokument per 6. September 1949 und einem Freifahrtschein für die inzwischen „Deutsche Bundesbahn“ bis zu der von mir angegebenen Endstation. Ich war frei, konnte erstmals wieder nach langen, langen Jahren über mich selbst bestimmen, konnte selbst entscheiden, was ich in den nächsten Minuten, in den nächsten Stunden tun würde. Doch dieses Gefühl der plötzlichen Freiheit wurde mir zunächst nicht in der vollen Tragweite bewußt. Wenn man über zehn Jahre lang nur an Befehle und Dienstanweisungen ohne Wenn und Aber gewöhnt war, dann brauchte man schon etwas Zeit, sich mit dieser neuen Situation vertraut zu machen.

Von Tuttlingen ging die Fahrt nach Frankfurt/Main, der Metropole von Hessen. Am Spätnachmittag kam ich dort an, gemeinsam mit Heinz Adamus aus Biebern.

Ich war in Frankfurt gar nicht weit weg von Wiesbaden, von meiner Ruth. Ich überlegte hin und her: Sollst du oder sollst du nicht; sollst du zuerst zu „Ihr“ fahren oder zuerst nach Hause? Ich besah meine Gefangenen- Entlassungskluft und sah die schon ganz gut gekleideten Menschen in der Bahnhofshalle. Ich sah auch, wie man uns zwei mitunter anstaunte, als kämen wir von irgendeinem überirdischen Planeten. Da sagte ich mir: Es ist wohl doch besser, zuerst einmal nach Hause zu fahren...

So verbrachten wir den ersten Abend und die erste Nacht in Freiheit auf dem Hauptbahnhof Frankfurt. Trotz Müdigkeit konnten wir nicht schlafen; wir wollten schließlich nicht den Zug verpassen, und der ging in früher Morgenstunde. Wir verpaßten ihn nicht, und so trafen wir gegen sieben Uhr in Stromberg ein.

Dort erkundigten wir uns nach der nächsten Verbindung nach Simmern. Der nächste Zug nach Simmern, so sagte man uns, gehe erst um fünfzehn Uhr. Doch da stand eine Lok, und wir kamen mit dem Lokführer ins Gespräch und erfuhren von ihm, daß sie ohne Anhang nach Simmern fahren würde. Der Lokführer hatte ein Herz für uns Spätheimkehrer, er nahm uns auf eigene Verantwortung auf der offenen Lok mit nach Simmern. Es war zwar etwas windig und kühl da oben, aber wir waren froh und dankbar für diese Zivilcourage des Lokführers.

So gegen elf Uhr trafen wir auf dem Bahnhof im Simmern ein. Mein Herz schlug schneller, als ich das alte Bahnhofsgebäude sah; es hatte sich nicht verändert, seit ich es das letzte Mal gesehen hatte, und das war vor über fünf Jahren im April 1944 gewesen.

Ich konnte telefonisch meine Mutter verständigen, daß ich gegen sechzehn Uhr auf meiner letzten Bahnstation Unzenberg eintreffen würde. Ich hatte also noch über drei Stunden Zeit, und die nutzte ich zu einem ersten Besuch bei meiner früheren Lehr- und Arbeitgeber-Firma.

Ich dachte, sag mal „Guten Tag" und guck mal, wie es da noch aussieht. Immerhin waren es rund zehneinhalb Jahre her, seitdem ich in dieser Firma tätig gewesen war. Die erste Kontaktaufnahme in meiner Heimat stimmte mich sehr zuversichtlich. Dieser spontane Besuch noch in Kriegsklamotten war denn auch schon bestimmend für meine nächste Zunkunft.

Mein ehemaliger Chef, der den Krieg ebenfalls glücklich überstanden hatte, empfing mich sehr, sehr herzlich und machte mir sofort das Angebot, wieder in seinem Unternehmen tätig zu werden. Ich käme gerade zur rechten Zeit, sagte er, denn ab 1. Oktober 1949 besitze er wieder die Lizenz für die Herausgabe der Hunsrücker Zeitung, und da könnte er mich gut gebrauchen. So schnell hätte ich nicht mit einer mir zusagenden Arbeitsstelle gerechnet. Hiermit war bereits wieder neuer Lebensmut in mir geweckt, frohgestimmt und voll Zuversicht bestieg ich den Zug zur Endstation.

Auf dem Bahnhof Unzenberg angekommen, erwartete mich bereits mein Freund und Kriegskamerad Otto mit Pferd und Kutsche. War das ein Wiedersehen! Wir freuten uns wie kleine Kinder, als wir uns umarmten. Nun hatten wir es doch beide geschafft. Otto hatte sich schon wieder herausgefuttert und gut erholt. Doch ausführlich erzählen wollten wir später; ich wollte ja so schnell wie möglich nach Hause.

Unvergeßlich ist mir die Fahrt durch Unzenberg, als uns eine junge Frau mit einem großen Blumenstrauß anhielt und mich herzlich willkommen hieß in der Heimat. Es war Gretel Adam, die Frau meines alten Freundes Ernst Adam, die ich aber bis dahin nicht gekannt hatte. Ich freute mich sehr über diesen Willkommensgruß, zumal unsere beiden Familien schon sehr lange befreundet waren.

Ich war der letzte Heimkehrer meines Heimatdorfes. Meine Rückkehr hatte sich herumgesprochen; man winkte mir zu und freute sich mit mir über die Heimkehr.

Ja, endlich war ich zu Hause. Ich war heimgekehrt in mein Heimatdorf; ich kehrte zurück in die Träume meiner Jugendjahre; ich kehrte heim in mein Elternhaus, das mir in diesen langen Jahren der Trennung immer wieder Kraft und Hoffnung gegeben hatte.

Meine Augen waren feucht, als ich meine liebe Mutter nach so vielen Jahren der Trennung wieder in meine Arme schließen konnte. Ich wußte, sie hatte sehr viel Kummer und Leid ertragen müssen in diesen Kriegs- und Nachkriegsjahren.

Zu dem Verlust meines älteren und einzigen Bruders, der seit 1944 in Rumänien als vermißt gemeldet war, kam der plötzliche Tod meines Vaters im Juli 1948 hinzu. Es war verständlich, daß trotz aller Wiedersehensfreude die Schatten einer unerbittlichen Vergangenheit nicht zu verdrängen waren. Meine Mutter war eine tapfere Frau wie viele,

viele Frauen und Mütter in diesem Jahrzehnt, die ihre liebsten Menschen hatten hergeben müssen.

An dieser Stelle gedenke ich in aufrichtiger Dankbarkeit der Menschen, die meiner Mutter in den schmerzlichen Jahren 1948/49 treu zur Seite gestanden hatten, ganz besonders auch meines Freundes Otto, der - wie wir es abgesprochen hatten - tatkräftig den landwirtschaftlichen Betrieb geführt und damit meiner Mutter eine große Last abgenommen hatte.

Ich bin heute noch froh darüber, daß ich meiner Mutter danken konnte für all ihre Liebe und Güte. Es war für mich das Selbstverständlichste, daß sie nie mehr allein sein sollte und ich nun für sie sorgen würde. Ich bin diesem Grundsatz treu geblieben, bis sie für immer die Augen schloß. Meine Frau half mir dabei in ihrer verständnisvollen Art, und sie verstand sich mit meiner Mutter ganz wunderbar. Es waren immerhin noch zweiundzwanzig Jahre, die sie im Kreise meiner Familie verleben konnte.

Zwischen meinem Freund Otto und mir gab es keine großen überschwenglichen Worte des gegenseitigen Dankes. Wir haben jedoch aufrichtige Freundschaft, die noch heute besteht, in die Praxis umgesetzt. Otto fand in einer mir gut befreundeten Nachbarfamilie seine „Klara“, die Frau seines Lebens. Als ich mein neues Wohnhaus in Kirchberg baute, plante ich von vornherein eine Wohnung für meinen Freund Otto mit. Dort wohnen wir heute noch, seine und meine Familie unter einem Dach: eine Freundschaft, die nie in Frage gestellt wurde!

Die Frage nach der Ursache des plötzlichen Todes meines Vaters im Juli 1948 wollte ich natürlich beantwortet haben. Meine Vermutungen bestätigten sich dabei: Unter dem Druck der politischen Intrigen und der „kleinen Hitlers“ - diesen gefährlichen „Gernegrößen“ - war mein Vater in diesen zwölf Jahren Kleinkrieg mit der Partei seelisch und physisch am Ende seiner Kräfte angelangt. Er war ein aufrechter Mann mit einer kompromißlosen politischen Anschauung, an der er letzten Endes zerbrach. Daß er nicht im KZ gelandet war, verdankte er einzig und allein seiner Popularität, seinem Ansehen und seinem Rückhalt bei den Dorfbewohnern und weit darüber hinaus. Er hatte viele Freunde, die so dachten wie er. Wer ihn gekannt hat, weiß, daß dem so war.

Nachdem ich mich zu Hause und in meinem Heimatdorf, bei Nachbarn, Freunden und Bekannten einigermaßen umgeschaut hatte, zog es mich verständlicherweise mit aller Macht nach Wiesbaden, zu meiner Ruth. Endlich sollte ich sie wiedersehen, sie, die mir in all den trostlosen und entbehrungsreichen Jahren wie auch meine Mutter immer wieder durch ihre Briefe Zuversicht, Hoffnung und Lebensmut gegeben hatte. Nun fieberte ich diesem Wiedersehen entgegen - einem Wiedersehen nach fünfeinhalb Jahren! War es nicht doch zu viel erwartet, nach einer solch langen Zeit auf etwas zu hoffen, das zu schön war, um wahr zu sein?

Bevor ich die Reise antrat, kleidete ich mich neu ein; meine Mutter hatte auch dafür bereits die finanzielle Vorsorge getroffen. Wir schrieben immerhin schon September 1949. Die Währungsreform war über die Bühne gegangen; das Geld - die neue D-Mark - hatte wieder einen soliden Wert. Ich spürte, daß ich mich radikal und schnell umstellen mußte, um den Anschluß nicht zu verpassen.

Doch zunächst ging es mir um den Zuganschluß nach Wiesbaden, den ich am nächsten Morgen auf keinen Fall verpassen wollte. Schließlich war ich telefonisch angemeldet beim Hauptpostamt in Wiesbaden, bei dem das „Ziel meiner Wünsche“ inzwischen sogar als Beamtin tätig war. Ich habe es bereits erwähnt; ich kleidete mich neu ein, ehe ich die Reise in die Kurstadt Wiesbaden antrat. Als gerade entlassener Kriegsgefangener - geboren und nun wieder wohnhaft in einem kleinen Dörfchen im Hunsrück mit knapp 400 Einwohnern - konnte ich doch nicht in Vorkriegszivil, das hinten und vorne nicht mehr paßte - in dieser Weltstadt Wiesbaden aufkreuzen.

Wenn ich darüberhinaus noch weitere Komplexe gehabt hätte, ich glaube, diese Reise nach Wiesbaden wäre sehr fraglich gewesen. Doch ich hatte keine, dafür aber Mut und Gottvertrauen; und so sahen wir uns wieder: Ruth und ich! Wir lagen uns still in den Armen, und es dauerte Minuten, bis wir in die Wirklichkeit zurückfanden - in die Realität der Gegenwart.

War es so, wie ich es mir vorgestellt, wie ich mir dieses Wiedersehen in so vielen schlaflosen Nächten ausgemalt und herbeigesehnt hatte? Ich war glücklich, ich wurde nicht enttäuscht , und ich fand eine Frau vor, die auf mich gewartet hatte. Wir hatten uns nichts versprochen, aber ich wußte schon bei diesem ersten Wiedersehen, daß es sich gelohnt hatte, auszuharren in den Gefangenenlagern Riga, Moskau und Stalinogorsk. Die langen Jahre der Trennung hatten uns nicht entfremdet, und wir fühlten aufs neue, daß uns innige Zuneigung verband und daß es für uns nur eine gemeinsame Zukunft gab.

Weihnachten 1949 - endlich wieder daheim im trauten Familienkreis! Endlich wieder ein Weihnachtsfest ohne Bitterkeit und Heimweh, ein Weihnachtsfest der Freude und Dankbarkeit!

Weihnacht wieder in der Heimat

Weihnacht, die uns wieder froh bewegt,
da nicht das Herz vor Sehnsucht weint,
die nicht der Wehmut Schatten trägt,
Weihnacht - glücklich uns vereint !

So wie der Kerzen trauter Schein
uns friedlich kündet neues Leben,
so soll auch unsre Liebe sein,
beständig, immer neu im Geben !

Nun kann ich Dir die Hände drücken,
und Dich in meine Arme schließen,
was könnte mich noch mehr beglücken
-Dich heut´ bei mir zu wissen - !

Das schönste Weihnachtsgeschenk war an diesem Heiligabend 1949 unsere Verlobung im kleinen Familienkreis. Am 22. Juli 1950 war Hochzeit in Wiesbaden. Eine Hochzeit, wie ich sie mir immer gewünscht hatte - in einer Hochzeitskutsche, mit zwei Schimmel-Pferden bespannt, zur Kirche - so richtig romantisch und märchenhaft. Die Hochzeit war zwar nicht das Ende einer romantischen Epoche in meinem Leben; sie war jedoch der Anfang gemeinsamer harter Jahre des Aufbaus einer selbständigen Existenz.

Doch zunächst saß meine nun mir amtlich und auch kirchlich angetraute Frau in Wiesbaden auf ihren Habseligkeiten und wartete auf den von mir arrangierten LKW. Er hatte reichlich Verspätung, und als er dann endlich eintraf, rief meine Frau sichtlich erleichtert: „Ich werd´ verrückt und zieh´ auf´s Land!" Darüber haben wir uns noch lange und öfters köstlich amüsiert.

Es war aber wirklich so: Meine Frau, von Kind an eine Großstädterin, in der Kurstadt Wiesbaden geboren und in einer guten beruflichen Position - sie zog auf´s Land, in das Hunsrückdörfchen Heinzenbach, das außer guten Menschen, einer Gastwirtschaft und einem Tante-Emma-Laden nichts weiter zu bieten hatte.

Doch man täuscht sich nicht mehr als in den Menschen: Meiner Frau gefiel es gut in meinem heimatlichen Dörfchen, und sie ließ es gar nicht darauf ankommen, daß man sie als Großstädterin einstufte; sie verstand sich prächtig mit den Menschen des kleinen Hunsrückdorfes.

Was ich ihr bieten konnte, war eine geräumige Wohnung in einem großen Bauernhaus - und gute Landluft! Noch heute klingt es mir in den Ohren, wenn ich von Neubau und Umzug in diesen und jenen Ort redete, und sie sagt: „Mir gefällt es hier, und du mußt mir schon eine ebenso schöne und aussichtsreiche Wohnung bieten - sonst gehe ich nicht von hier weg!"

Da meine beruflichen Interessen von jeher nicht in der

Landwirtschaft lagen und ich auch für den Werkstattbetrieb keine Voraussetzungen hatte - mein Bruder sollte dies alles einmal übernehmen -, bestand bei mir die ganz klare Vorstellung, daß hier eine andere Lösung gefunden werden mußte. Mein Vater selbst hätte auch nie von mir verlangt, den Hof zu übernehmen; dies hatte er mir mehrmals geschrieben, als er noch lebte. Meine Mutter war der gleichen Meinung, schließlich ging sie auf die 60 zu, und sie hätte weiterhin bis an ihr Ende hart mitarbeiten müssen, wie dies damals auf dem Lande noch üblich war.

Und mein Freund Otto? Wir sahen beide ein, daß eine Weiterbewirtschaftung des Hofes durch ihn unmöglich war. Auch hier stellte sich die Frage, wer die Arbeit tun sollte, die für eine Person zuviel war. Otto konnte in einem größeren Holzverarbeitungsbetrieb eine Anstellung finden, in dem er sich bis zum Verlademeister emporarbeiten konnte und bis zum Eintritt in den Ruhestand ein gesichertes Einkommen hatte.

Die beste Lösung war zunächst, den landwirtschaftlichen Betrieb zu verpachten. Interessenten gab es in der damaligen Zeit genügend durch die Vertriebenen aus den abgetretenen Ostgebieten jenseits der Oder-Neiße-Linie, hauptsächlich aus Schlesien.

Verkaufen konnte und wollte ich noch nicht; es war 1950 auch noch zu früh dafür, denn meine Mutter hoffte ja immer noch auf meinen Bruder. Fünf Jahre später war es jedoch ein Gebot der Vernunft, den Hof mit allen Liegenschaften an den Pächter, einen vertriebenen Landwirt aus Schlesien, zu verkaufen. Aus dem Erlös baute ich 1955/56 ein Mehrfamilienhaus in Kirchberg.

Ich selbst konnte, wie bereits erwähnt, früher als mir lieb war, wieder in meinem Beruf als Industriekaufmann tätig werden. Obwohl die meisten Frühheimkehrer schon in sicheren Positionen waren, begriff ich sehr schnell, daß sich in der sich anbahnenden freien Marktwirtschaft genügend Chancen boten. Ich nutzte sie und hatte gute Erfolge in meiner Außendiensttätigkeit. In meiner Freizeit arbeitete ich jedoch konsequent auf eine selbständige Existenz hin, wie ich sie mir bereits in den Jahren der Gefangenschaft vorgestellt hatte.

1954 war es soweit; und mit dem einsatzfreudigen Fleiß meiner Frau habe ich es geschafft, ein Unternehmen mit einem weiträumigen Vertriebsnetz aufzubauen, das weit über die Grenzen der Stadt Kirchberg bekannt geworden ist und inzwischen zu der größten selbständigen Agentur auf Bundesebene des von mir vertretenen Unternehmens aufgestiegen ist.

Ich will heute nicht mehr hadern mit dem Schicksal, daß zehn Jahre, die schönsten Jugendjahre meines Lebens, einem unerbittlichen Machtkampf zum Opfer fielen. Trotz großer Entbehrungen in diesen zehn Jahren kam ich in einer guten gesundheitlichen Verfassung zurück. Ich fand nicht lange Zeit, die Hände in den Schoß zu legen oder mich auszuruhen. Ich packte zu; dies und die harte Vergangenheit dieser zehn Jahre gaben mir die Kraft und den Optimismus, meine neu begonnene Zukunft zu gestalten. Ich blicke heute, vierzig Jahre danach, zufrieden auf mein Leben zurück, auch wenn es oft bescheiden, mühselig und dornig war.

Ich möchte mein „Jahrzehnt im zwanzigsten Jahrhundert“ abschließen mit den nachfolgenden Versen, die in einer besinnlichen Vorweihnachtsstimmung 1990 entstanden sind:

Besinnung

Halte Einkehr, wenn zu Ende
ist dein Weg, und schau zurück,
schau auf deine müden Hände,
schau zurück auf Leid und Glück!

Beides liegt doch oft so nah,
manchmal gar an einem Tag;
niemand weiß, wie es geschah,
niemand weiß, woran es lag!

Glück - wie scheint es uns so fern,
oder ist es nur ein Traum?-:
Ja, man träumt von Glück so gern
und vergißt oft Zeit und Raum!

Doch, noch immer gibt es Glück,
schau nur still in dich hinein,
schau besinnend doch zurück:
Auch bei dir gab´s Sonnenschein!

Sonne, tief im Herzen drin,
sie gibt dir Beständigkeit;
sie gibt deinem Leben Sinn,
der da heißt: Zufriedenheit.

Dezember 1990

Nachwort

Am 24. Dezember 1990 habe ich das letzte Kapitel dieses Buches - über die Erlebnisse eines Jahrzehnts im 20. Jahrhundert - niedergeschrieben. Es war nicht Absicht; aber der Zufall wollte es, daß der Abschluß meiner Erinnerungen auf Heiligabend fiel. Mehr denn je zuvor wurde ich erinnert an den ersten Heiligabend 1949, den ich wieder in der Heimat, mit meinen Lieben vereint, verleben konnte.

Weihnachten 1990 wiederum mit ganz besonderem Glanz: Wir Deutschen in Ost und West feierten erstmalig wieder als vereintes Volk unser trautes deutsches Weihnachtsfest. Für mich war es das schönste Weihnachtsgeschenk seit meiner Heimkehr 1949.

Schnell, ereignisreich und turbulent eilte das Jahr 1990 von Anbeginn dem Ende zu. Was sich in diesen zwölf Monaten an historischen und weltpolitischen Veränderungen vollzogen hat, wird im Detail der Geschichtsschreibung vorbehalten bleiben.

Wir konnten jedoch einen geschichtlichen Ablauf, wie selten zuvor auf der politischen Weltbühne ohne Gewaltanwendung und diktatorische Machtausübung, miterleben. Es gibt hierzu fast kaum eine Parallele in der Vergangenheit.

Wenn wir zurückdenken an die noch so glanzvolle Parade in der ehemaligen DDR, anläßlich des 40. Jahrestages des Bestehens der Deutschen Demokratischen Republik,- vor nur rund achtzehn Monaten,- dann kann man nur sagen, wie es in der Heiligen Schrift geschrieben steht: „Ein Wunder ist geschehen“, nicht nur, was unsere Wiedervereinigung betrifft, sondern auch, weil sich darüberhinaus eine weltweite Verständigung und Aussöhnung bisher feindlich gesinnter Völker entwickelt hat.

Die größte politische Wende in der Nachkriegszeit hat sich

angebahnt: Nachdem wir bereits vor Jahrzehnten mit unseren westlichen Nachbarn Freunde geworden sind, erfolgte nunmehr auch diese historische Völkerverständigung mit unseren Nachbarvölkern im Osten und Südosten. Die Verständigung und Anbahnung einer aufrichtigen Freundschaft mit dem russischen Volk erfüllt mich mit ganz besonderer Freude.

Es war ein Jahr der großen Hoffnung und auch Erfüllung. Doch man soll den Tag nicht vor dem Abend loben; und noch lange wird nicht `Frieden auf Erden´ sein, wie es in der Bibel geschrieben steht. Der rund vierzig Tage dauernde Golfkrieg hat es bewiesen und uns jäh aus den Träumen einer friedlichen Welt herausgerissen.

Doch es wurde gottlob kein dritter Weltkrieg daraus, wie dies so einige Gespensterseher gerne prophezeit hatten. Das Vermächtnis dieses Golfkrieges sehe ich darin, daß die Welt wieder einmal aufgerüttelt wurde, wie schrecklich Kriege auch heute noch sind, auch ohne Atombomben und chemische Waffen.

Dieser Golfkrieg war aber auch eine Bewährungsprobe, eine bis an die äußersten Grenzen der Belastbarkeit strapazierte Bewährungsprobe der gerade begonnenen und noch so jungen Verständigung zwischen den Großmächten in Ost und West. Bei allen Unwägbarkeiten und allem Für und Wider dieses Waffenganges sehe ich diese erstmalige Solidarität mit der Sowjetunion als großen weltpolitischen Erfolg an. Dieser Erfolg gibt uns Hoffnung, an eine friedliche Zukunft glauben zu können.

Wir sind es den Opfern des zweiten Weltkrieges und auch den Opfern des Golfkrieges 1991 schuldig, daß sie Mahnung und Vermächtnis bleiben für Frieden in Europa und Frieden in der ganzen Welt.

Im März 1991 Erwin Wagner

Nachwort zur 2. Auflage

Es geschehen doch noch Zeichen und Wunder! Als ich meine Erlebnisse aus Krieg und Gefangenschaft in meinem Buch „Ein Jahrzehnt im 20. Jahrhundert“ niederschrieb – es war im 2. Halbjahr 1991 –, glaubte ich nicht daran, die in mehreren Kapiteln beschriebene „Glücksfee von Riga“ jemals wiederzusehen. Von vielen Lesern meines Buches wurde ich nach diesem Mädchen „Nelly“ aus Riga gefragt, das ich als deutscher Kriegsgefangener 1945 kennenlernte und das mir in dieser schweren Zeit ohne Rücksicht auf die eigene Person viel Gutes erwiesen hat. Nach meiner Entlassung aus der russischen Kriegsgefangenschaft Ende 1949 konnte, bedingt durch die politischen Verhältnisse, leider keine Verbindung mehr aufgenommen werden.

Durch mein Buch bekam ich wieder engeren Kontakt mit einem Kriegskameraden, der seit 1990 wieder Verbindung mit seinem 1948 in Riga geborenen Sohn bekommen hatte. Es war ein glücklicher Zufall, daß dieser Sohn und dessen Frau im Januar 1992 nach Deutschland kamen und sich spontan bereit erklärten, eine Suchaktion zu starten. Ich war zwar pessimistisch und doch voller Hoffnung. Ich wußte noch nicht einmal mehr den richtigen Geburtsnamen und keine Anschrift. Um diese Frau nicht zu gefährden, hatte ich alle schriftlichen Unterlagen vernichtet. Was ich noch besaß, war ein Bild von einem jungen, hübschen Mädchen, das vor 47 Jahren aufgenommen worden war.

Es waren wirklich schlechte Voraussetzungen, mit diesen mageren Angaben jemanden in der Millionenstadt Riga zu finden. Doch „Mudite“ – die Frau des Rigaer Sohnes meines Kriegskameraden – schaffte es auf Anhieb. Mit einer Suchanzeige in der „Latvija Jaunatne“ (Lettisches Journal), sogar ohne Bild, fand sie Nelly unter sechs

Nellys, die sich gemeldet hatten, ohne Schwierigkeiten als die „richtige“ heraus.

Als ich die telefonische Mitteilung erhielt, daß Nelly gefunden sei, legte ich zunächst wie benommen den Telefonhörer auf und atmete dann einmal tief durch, um meiner inneren Erregung Herr zu werden. *„Nelly lebt und ist gefunden“* – ich konnte es wirklich noch nicht begreifen, was man mir soeben mitgeteilt hatte. Unwillkürlich wanderten meine Gedanken zurück in dieses schicksalsschwere Jahr 1945. Die Erinnerung an dieses Mädchen war trotz der vielen Jahre in mir wach geblieben, und ich hoffte stets, doch noch einmal danken zu können für das, was es einst in schwerer Zeit für mich getan hatte.

Es stellte sich natürlich die Frage, ob dieses in meinen Erinnerungen schon als mythische Märchengestalt verklärte Wesen nach so vielen Jahren überhaupt ein Wiedersehen wollte! Es war doch anzunehmen, daß Nelly geheiratet und Familie hatte, daß Kinder und Enkel da waren, auf die sie Rücksicht nehmen mußte. Diese Frage stellte ich mir natürlich, doch ich hatte das untrügliche Gefühl und irgendwie eine nicht erklärbare Zuversicht, daß meine einstige Glücksfee von Riga auch noch nach 47 Jahren der Trennung ein Wiedersehen wünschen würde.

Nach vielen vergeblichen Versuchen kam dann doch eines Tages das erste Telefonat zustande. Nach so langer Zeit hörte ich erstmals wieder ihre Stimme, Nelly war jedoch so aufgeregt, daß sie kaum sprechen konnte; denn gerade vor einer Stunde hatte sie meinen ersten Brief erhalten und beides zusammen am Vorabend ihres 70. Geburtstages.

Und dann erhielt ich ihren ersten Brief, der meine Zuversicht bestätigte. Dieser Brief begann: *„Ich bekam Deinen längst erwarteten Brief. Freude und Traurigkeit haben meine Augen mit Tränen gefüllt und direkt in diesem Moment erklingt das Telefon…!“* In diesen Zeilen erkannte ich das herzliche, aber auch sentimentale Mädchen von einst wieder, das so froh, aber auch so traurig sein konnte. Ich hatte mich nicht getäuscht, Nelly hatte mich auch nicht vergessen und freute sich auf ein Wiedersehen.

Am 17. Juli war es soweit. Mit meiner verständnisvollen Frau, der ich an dieser Stelle ganz herzlich Dank sagen möchte für ihre großartige Toleranz, flog ich nach Riga. Ein sonderbares Gefühl nahm mich gefangen, als die Lufthansa-Maschine landete und ich den Fuß auf lettischen Boden setzte. Ich schloß unwillkürlich die Augen, und ich sah mich als ehemaligen deutschen Kriegsgefangenen unter so vielen gleichbetroffenen Kameraden in das große Hauptlager am Kaiserwald einmarschieren – einer ungewissen Zukunft entgegensehend. Doch wir schrieben Gott sei Dank den 17. Juli 1992 und nicht den 9. Mai 1945, den Tag der allgemeinen Kapitulation. Ich war nun nach Riga gekommen, um meine einstige „Glücksfee" wiederzusehen.

Am nächsten Tag, dem 18. Juli 1992, trafen wir uns in der Hotelhalle. Es war schon eigenartig, in meiner Erinnerung sah ich immer noch das junge hübsche Mädchen von 23 Jahren. Ich wußte jedoch, daß ich nun eine ältere Dame von 70 Jahren zu erwarten hatte, und war deshalb auch nicht enttäuscht, als nun diese „ältere Nelly" vor mir stand. Es ist natürlich schwer, diesen Augenblick des Wiedersehens nach 47 Jahren zu beschreiben, es war die Begegnung zweier Menschen, die sich dem Aussehen nach völlig verändert hatten, und jeder suchte in dem Gesicht des anderen das Bild der Erinnerung. So standen wir uns gegenüber, sahen uns an, und als wir uns umarmten, fanden wir sehr bald, was wir suchten: das Wesen des Menschen von einst. Wir fühlten aufs neue die herzliche Verbundenheit wie damals in schicksalsschwerer Zeit. Es war in diesem Augenblick, als wäre die Zeit stehengeblieben, als wären die 47 Jahre der Trennung nie gewesen – so viele Erinnerungen wurden wach, und wir wußten, daß wir beide auf dieses Wiedersehen gehofft hatten.

Unser erster Gang führte uns an die lettische Freiheitsstatue, an die ich mich noch sehr gut erinnern konnte, denn ganz in der Nähe befand sich das historische Gebäude, in dem früher das sowjetische Landgericht untergebracht war und in dem wir uns 1945 kennengelernt hatten.

Es waren wunderschöne Tage in Riga. Nelly und ihre Familie – ihre Tochter Vineta und deren Töchter Zusana und Liga – nahmen uns so herzlich auf, als würden wir schon immer zu ihrer Familie gehören. Bei allem Optimismus, mit dem ich nach Riga geflogen war: Diese Herzlichkeit und Gastfreundschaft hatte ich nicht erwartet.

So ist das Leben, mitunter kunterbunt in der Verteilung von Glück und Leid. Ich bin dankbar, daß ich nun doch noch ein bisher unbefriedigendes Kapitel in meinem Leben abschließen konnte: Einem Menschen zu danken, der mir in schwerster Zeit half, die Hoffnung und den Glauben an eine bessere Zukunft nicht aufzugeben.